2018年 第10卷 第1辑

公司治理评论

REVIEW OF CORPORATE GOVERNANCE

主　编：李维安
副主编：武立东　王世权　李建标

经济日报出版社

图书在版编目（CIP）数据

公司治理评论. 第10卷. 第1辑 / 李维安主编. --
北京：经济日报出版社，2019. 5
ISBN 978-7-5196-0531-5

Ⅰ. ①公… Ⅱ. ①李… Ⅲ. ①公司-企业管理-文集
Ⅳ. ①F276. 6-53

中国版本图书馆 CIP 数据核字（2019）第080319号

公司治理评论. 第10卷. 第1辑

主　　编	李维安
责任编辑	陈礼滟
责任校对	杨欣萌
出版发行	经济日报出版社
社　　址	北京市西城区白纸坊东街2号A座综合楼710
邮政编码	100054
电　　话	010-63567684（总编室）
	010-63538621　63567692（发行部）
网　　址	www. edpbook. com. cn
E - mail	edpbook@ sina. com
经　　销	全国新华书店
印　　刷	北京建宏印刷有限公司
开　　本	710×1000 毫米　1/16
印　　张	5. 875
字　　数	108千字
版　　次	2019年5月第一版
印　　次	2019年5月第一次印刷
书　　号	ISBN 978-7-5196-0531-5
定　　价	28. 00元

目 录

CONTENTS

保险公司治理概念之辨析与拓展
——基于中国实践视角①

郝臣[1,2] 崔光耀[1]

（1. 南开大学中国公司治理研究院，天津 300071；2. 南开大学商学院，天津 300071）

摘要： 伴随 1932 年 Berle 和 Means 开启公司治理问题研究大门，具体类型公司或组织的治理问题一直是一个重要的研究领域。保险公司作为非银行金融机构的重要组成，其治理重要性日益凸显。本文界定了保险公司治理的内涵，指出保险公司治理并不是一般公司治理理论在保险公司的应用，保险公司治理有广义和狭义之分；经营特殊性是保险公司治理的逻辑起点，治理特殊性是保险公司治理的研究主线；在此基础上，结合我国保险业实践，本文将微观层面的保险公司治理拓展到中观层面的保险机构治理和宏观层面的保险业治理，并从治理目标、治理主体、治理结构、治理机制、治理边界和治理依据等方面进行了比较分析。

关键词： 公司治理；保险；保险公司治理；保险机构治理；保险业治理

一、保险公司治理问题的提出

公司治理（corporate governance）一词较早出现在美国学者 Eellsu，1960 年出版的著作《现代企业的含义：大型公司企业的哲学》（The Meaning of Modern Business: An Introduction to the Philosophy of Large Corporate Enterprise）中，公司治理是指“the structure and functioning of the corporate polity”。在理论文献中最早将公司治理明确为一个“概念”的，是 Williamson 于 1979 年在《霍夫斯特法律评论》（Hofstra Law Review）发表的“On the Governance of the Modern Corporation”。1984 年，Williamson 在《耶鲁法律杂志》（Yale Law Journal）又直接以“Corporate Governance”为题对公司治理进

① **基金项目：** 国家社科基金年度项目（16BGL055）。

作者简介： 郝臣，南开大学商学院、南开大学中国公司治理研究院副教授；崔光耀，南开大学商学院博士研究生。

行了较系统的分析，指出公司治理的研究经过了漫长的沉寂，最近正在复兴。Tricker（1984）认为公司治理与公司管理是不同的概念，如果说管理是经营业务，那么，治理则是确保能够适当地经营。

20世纪90年代中期之前，公司治理还主要是针对非金融机构，对于金融机构的关注点主要集中体现为商业银行的专家式债权监督和非银行金融机构的市场评价式监督，即参与非金融机构的治理。股东的“搭便车”行为使经理人员的机会主义行为缺乏必要的监督，其结果往往是股东的利益遭受损失。而债务的硬预算约束特点和独特的破产制度可以给非金融机构经理人员不同于股权的压力，从而赋予金融机构在公司治理中的独特和重要角色，这便是金融机构专家式债权监督。公司治理的市场评价式监督主要依赖保险公司、证券公司、各类基金公司等机构客观公正的评价和相应的信息发布活动而对经理人员产生监督效果，进而降低代理成本，提高治理绩效。因此，此时的金融机构治理更多指的是金融机构参与一般公司的治理，而不是严格意义上的金融机构治理。

对于金融机构自身治理的关注源于金融危机。仔细研究不同国家、不同时期金融危机的历史，我们不难发现为什么那些当时显赫一时、堪称国际一流的金融机构在一夜之间突然垮台，其根本的原因并不是我们习惯上所认为的金融风险，而是公司治理的缺陷所导致的治理风险。这些金融机构也基本上都建立了金融风险预警与控制制度，但往往在对这些制度进行控制和完善的公司治理结构与机制上存在着重大问题和不足。1997年开始的东亚金融危机，以及美国发生包括安然、安达信等在内的一系列大公司财务丑闻，都进一步引起了人们对银行和非银行类金融机构自身治理问题的重视。与非金融机构相比较，保险公司、商业银行、证券公司等金融机构具有许多与生俱来的特殊性质，并由此决定了金融机构治理并不能是公司治理理论在金融机构领域的简单运用，而是结合其特殊性进行治理结构与机制的创新。

那么在20世纪中期之后，公司治理的研究和实践无疑已经进入到了非金融机构和金融机构并重的新阶段（李维安，2005）。正是由于金融机构自身治理和对业务对象治理的双重问题，如果金融机构的治理不善，必将使得其治理风险日积月累，达到阈值并最终以风险事故的形式爆发，进而导致其自身陷入经营困境，甚至破产倒闭。从这个意义上来讲，金融机构最大、最根本的风险是治理风险；将着力点放在治理风险，是金融机构治理研究的明确选择和指导各类金融机构改革和发展的主要方向。

作为金融机构的重要组成部分，保险公司的治理问题也逐渐受到国际保险监督官协会（IAIS）和经济合作与发展组织（OECD）等国际组织以及各国政府的广泛关注。IAIS十分重视保险公司治理问题，在1997年首次发布的保险监管核心原则（Insurance

Core Principles，缩写为 ICPs）中，即将保险公司治理监管列为重要内容。此后，在 2000 年、2003 年版的 ICPs 中，保险公司治理监管的内容不断得到强化和细化。2004 年，IAIS 专门颁布《保险公司治理核心原则》（Insurance Core Principles on Corporate Governance），将此前核心原则中与公司治理监管相关的内容汇集起来，并做了较为完整的阐述，它可以视为 IAIS 对公司治理监管的完整思路。《保险公司治理核心原则》分为公司治理核心原则、高管人员资格、控制权变化、内控体系、现场检查、风险评估与管理、信息披露与透明度七部分。2005 年 OECD 出台了《保险公司治理指引》（Guidelines for Insurers' Governance）。基于保险公司特性的保险公司治理由此在全球范围内兴起（杨馥，2009），保险公司治理的研究也正是基于这样现实背景逐步深入。

二、保险公司治理的内涵与特殊性

（一）保险公司治理的内涵

学术界对保险公司治理的研究源于 1972 年 Spiller 从所有权视角对保险公司财务绩效所进行的分析，国外对保险公司治理的研究已经经历了四十多年的时间，目前已进入到深入研究的阶段；而国内对于保险公司治理问题的研究处于刚刚起步阶段，保险公司治理研究的基本理论框架还没有建立，保险公司治理的合规性（是否按照规定建立了基本的治理结构和机制）、保险公司治理的有效性（治理结构和机制是否发挥了应有的作用）、治理绩效等科学问题有待研究，研究方法较为单一，研究样本也较少（郝臣、李慧聪和罗胜，2011）。而保险公司治理领域遇到的第一个基础问题就是何谓保险公司治理，即先界定保险公司治理的内涵，这与一般公司治理研究发展历程相似，也是从基本概念着手。完善的保险公司治理被广泛认同为保险业进一步深化体制改革和建立现代企业制度的核心内容，而且被认为是提升保险业竞争力的必由之路（李维安和曹廷求，2005）。

本文认为随着对保险公司治理研究的深入，需要进一步科学、准确地界定好保险公司治理的内涵，这也是本文写作的初衷所在。2015 年郝臣在与李维安合著的《公司治理手册》中首次给出了保险公司治理的定义，所谓保险公司治理是指对保险公司这一特殊行业企业的治理，也是金融机构治理的重要内容之一，这是一个比较笼统的定义，也是保险公司治理的第一版定义；2016 年郝臣在著作《保险公司治理对绩效影响实证研究——基于公司治理评价视角》中进一步界定了保险公司治理的内涵，认为所谓保险公司治理，是指对财产险、人身险、再保险和相互制保险公司这一特殊行业公司的治理，即“保险公司+治理”；而不是公司治理理论在保险公司上的简单运用，即“公司治理+保险公司”，这是保险公司治理的第二版定义。

本文认为保险公司治理（insurance company governance）有狭义和广义之分。狭义的保险公司治理是指保险公司的内部治理结构与机制，即通过有关“三会一层”的构成、地位与性质、基本职权、运作规则等方面的制度安排来解决股东与经理人以及大股东与小股东之间的委托代理问题，治理的目标是股东利益最大化。广义的保险公司治理是指一套综合公司章程、薪酬合约等公司的内部机制和监管机构监管、各类市场竞争等公司的外部机制，协调公司与投保人、股东、经理人、雇员、社区、政府等利益相关者的利益，以实现保险公司决策科学化，进而实现利益相关者利益最大化的制度安排。保险公司治理是指保险业这一特殊行业中公司的治理，即“保险公司+治理”；而不是公司治理理论在保险公司上的简单运用，即“公司治理+保险公司”。这是保险公司治理的第三版定义。三个版本保险公司治理定义的演变如表1所示。

表1 保险公司治理定义的演变

比较内容	第一版	第二版	第三版
提出时间	2015	2016	2017
提出学者	李维安和郝臣	郝臣	郝臣和崔光耀
定义优点	首次提出	考虑了保险公司治理特殊性	区分了广义和狭义的保险公司治理
定义不足	比较笼统	缺乏相对详细和细致的定义	仅从制度安排视角界定保险公司治理

资料来源：作者整理。

在一般公司，三类委托代理问题分别被简称为第一类委托代理问题（股东与经营者之间）、第二类委托代理问题（股东与股东之间）和第三类委托代理问题（股东与债权人之间）。而在保险公司，这个顺序与一般公司恰恰相反，股东与债权人（投保人）之间的委托代理问题是第一类委托代理问题。股东与股东之间的委托代理问题是第二类委托代理问题，保险公司股权结构一般来说比较集中，特别是非上市的保险公司，在非上市有限制保险公司中，股权结构更加集中，往往只有几个股东，股东之间的委托代理问题比较突出，其中既包括大小股东之间的委托代理问题，也包括大股东之间的委托代理问题，这区别于一般的股权集中型上市公司的大小股东之间的委托代理问题。而股东与经营者之间的委托代理问题则是第三类委托代理问题。如图1所示，保险公司与一般公司的委托代理问题重要性排序存在明显的区别，也是保险公司治理特殊性的重要体现。

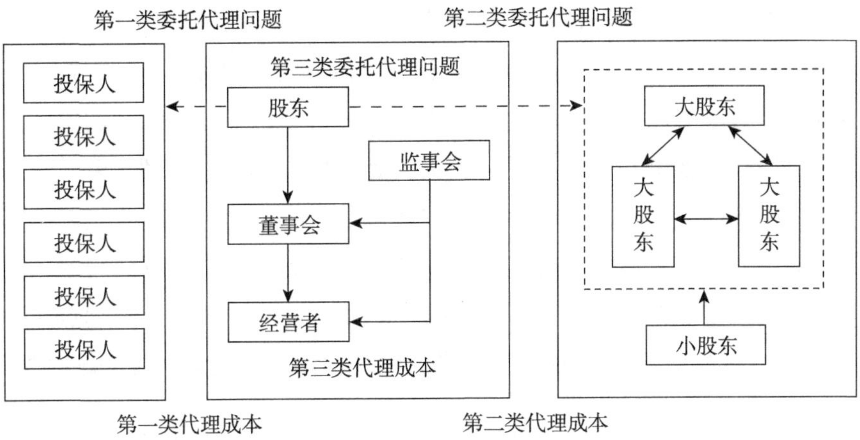

图 1　保险公司三类委托代理问题与三类代理成本

保险公司存在代理问题，由此必然引发代理成本。代理成本是一般公司治理领域最核心概念之一，因此本文在明确保险公司治理内涵的基础上，根据委托代理问题类型的不同，将保险公司代理成本划分为股东与投保人之间、股东与股东之间和股东与经营者之间三类。代理成本理论最初是由 Jensen 和 Meckling 于 1976 年提出的。之后 Fama 和 Jensen（1983）进一步提出公司治理研究要解决好委托人与代理人之间的关系，其核心问题就是如何降低代理成本。一般公司治理研究的核心问题是所有者和管理者间的代理成本最小化，保险公司经营特点使得保险公司中投保人的利益保护成为其治理要解决的重要问题，进而保险公司治理的核心问题就成为包含所有者、经营者、投保人三者的总代理成本最小化。这就决定了保险公司治理的目标与一般公司不同，特别要突出利益相关者中广大投保人的利益保护。

此外，从公司融资的角度看，代理成本可分为两种：一种是在股权融资引起的股东与经营者的委托代理关系中，因经营者存在低努力水平、在职消费、过度投资、投资不足等道德风险而产生的股权代理成本；另一种是在负债融资引起的债权人与股东的委托代理关系中，因股东存在股利政策操作、稀释债权人权益、资产替代、负债超过、投资不足等道德风险而产生的债权代理成本。已有债权代理成本研究多从银行债权人角度展开，而对于作为债权人的保险公司投保人关注较少。实际上保险公司委托代理问题导致的股权和债权代理成本都存在，而且由于保险公司经营的特殊性，使得债权代理成本的重要性可能远超过股权代理成本。

（二）保险公司治理的特殊性

保险公司在经营目标、经营产品、资本结构、成果核算、经营范围和政府管制等方面都表现出了诸多的特殊性，这些特殊性对保险公司的治理机制产生了深远的影响。针对银行、保险公司和证券公司等，李维安和郝臣（2009）在对一般公司治理问题和金融机构治理重要意义进行论述的基础上，分析了金融机构治理的特殊性，结合国内外金融机构治理实践的情况，提出理论基础、理论体系、治理实践、治理原则和治理绩效五个层次的金融机构治理一般框架体系，金融机构治理特殊性是构建金融机构治理研究框架的基础。本文认为正是保险公司经营的特殊性对其公司治理提出了相应的特殊要求，决定了保险公司治理的特殊性。保险公司治理的逻辑起点是保险公司经营的特殊性，而保险公司治理的特殊性是保险公司治理研究的主线，详见图2。

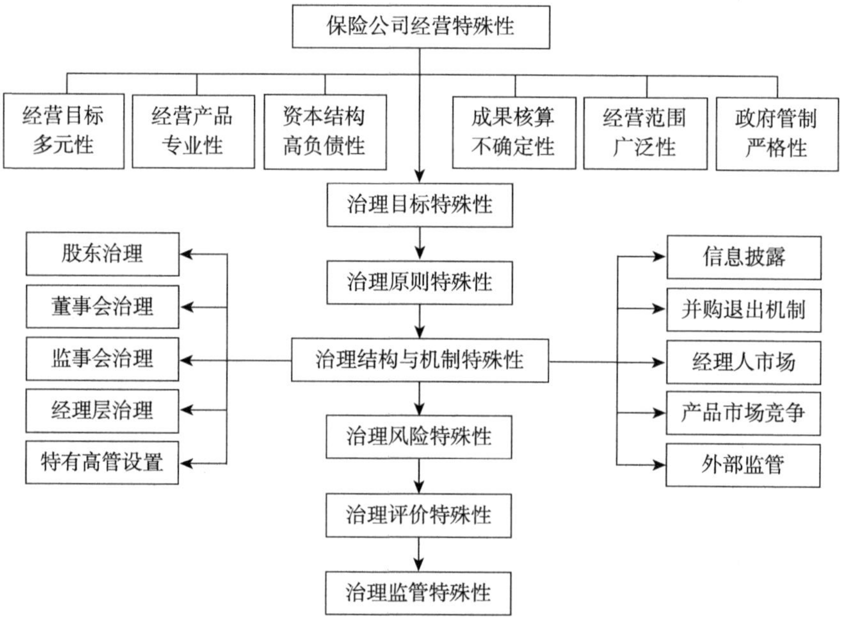

图2　保险公司经营特殊性与治理特殊性

保险公司治理特殊性具体来说主要体现在治理目标、治理原则、治理结构与机制、治理风险、治理评价与监管等方面。这其中的核心是治理目标的特殊性。Shleifer和Vishny（1997）认为，公司治理要处理的是公司的资本供给者如何确保自己得到投资回报的途径问题，公司治理的中心问题是保证资本供给者（股东和债权人）的利益。经典的公司治理理论主要关注于分散股权条件下，所有权和经营权分离所产生的所有者和管理者间的委托代理问题，以及控股股东同中小股东间的委托代理问题，这些问题在保险公司治理中同样存在。除此之外，保险公司治理还存在着特有的治理问题。20世纪60年代以来，利益相关者理论逐渐受到推崇，认为公司存在的目的不是单一地为股东提供回报。保险公司是高比例负债经营的公司，股东投入的资本金只占公司资产的小部分，投保人（债权人）对公司资产的投入和贡献远远大于股东。投保人倾向于稳健经营而获得稳定的未来保障，而股东的剩余索取权是无限的，他们倾向于扩大公司的业务范围，为追求高额的风险回报往往偏向于激励保险公司管理者投资高风险的项目，这将侵害投保人的利益。由于保险公司经营的特殊性导致的债权治理不足或者缺失使得投保人与股东利益冲突凸显，投保人利益难以得到维护，且保险公司经营中的承保风险、杠杆风险、投资风险等加剧了这一冲突。同时，保险公司作为典型的金融机构，其经营失败引发的风险负外部性将会造成巨大的社会成本问题。

考虑到投保人的债权治理缺失和保险公司在金融体系和社会保障体系中的重要地位，应该适用于利益相关者理论。因此，保险公司的治理目标同一般公司的治理目标有较大的差异，不应仅仅局限于股东价值的最大化，还应兼顾投保人的利益、保险公司自身乃至整体金融体系的安全和稳健，其首要治理目标是保护好投保人利益。保险监管机构作为投保人以及政府的代理人参与到保险公司治理中来，尤其强调维持保险公司的偿付能力，也是这一治理目标的体现。如果说股东至上主义和利益相关者理论的争议在一般公司治理领域还难分高低的话，那么在保险公司治理的问题上我们应该坚决支持利益相关者理论的观点。保险公司治理目标的特殊性决定了保险公司治理原则、治理结构与机制、治理风险、治理评价和治理监管等方面都存在一定的特殊性（张扬、郝臣、李慧聪和褚玉萍，2012）。

三、我国保险公司治理实践与治理监管支柱的构建

我国保险公司治理发展经历了政企合一计划管理的完全行政型治理（1949–1959年）、治理主体形成与改制的治理理念导入（1980–2000年）、治理主体股改与上市的现代企业制度初步确立（2001–2005年）、保险公司治理全面开展的现代企业制度逐步建立（2006–2010年）和保险公司治理深化发展的现代企业制度日益完善（2011年至今）五个阶段（郝臣，2015；2016）。特别是2006年开始，我国保险公司治理正在从合规向有效进行转型。

2006年1月颁布的《关于规范保险公司治理结构的指导意见（试行）》（以下简称《指导意见》），是我国第一个专门针对保险公司治理监管的重要文件。标志着我国保险体制改革进入到了完善公司治理的纵深阶段，完善保险公司治理已经成为深化保险体制改革的中心工作。该文件借鉴IAIS和OECD相关公司治理文件，并立足于我国保险公司实际情况，对我国保险公司治理进行了较为全面的规定。在《指导意见》中，中国保监会将“保护被保险人、投资人及其他利益相关者的合法权益，防范化解风险，

促进我国保险业稳定持续健康快速发展”作为保险公司治理监管的终极目标。现阶段的目标是防范保险资金被非法挪用侵占，保护保险资产安全；解决公司治理层面的严重冲突，维护公司正常经营；推动保险公司建立健全内控体系，提升决策、执行和风险控制能力，同时防范董事和高管人员舞弊风险（袁力，2010）。2006年3月召开的全国保险监管工作会议上，时任中国保监会主席吴定富指出，“目前我国现代保险监管体系已经初步形成，防范风险的五道防线正在逐步完善，初步建立起了市场行为监管、偿付能力监管和保险公司治理监管的现代保险监管‘三支柱’框架”。

近年来，围绕治理监管支柱，我国保险监管部门相继出台了《保险公司控股股东管理办法》《中国保监会办公厅关于进一步做好保险公司公开信息披露工作的通知》《保险公司发展规划管理指引》《保险公司分支机构市场准入管理办法》《相互保险组织监管试行办法》《中国保监会关于进一步规范保险公司关联交易有关问题的通知》《保险机构董事、监事和高级管理人员培训管理办法》《中国保监会关于进一步规范报送〈保险公司治理报告〉的通知》《中国保监会关于加强保险公司筹建期治理机制有关问题的通知》《互联网保险业务监管暂行办法》《保险公司服务评价管理办法（试行）》《保险公司经营评价指标体系（试行）》等更加细致的保险公司治理有关的制度文件。经过这些年的探索和实践，保险公司治理改革不断深入推进，公司治理监管效果初显（贲奔和臧明仪，2014）。

根据《保险法人机构公司治理评价办法（试行）》规定，中国保监会2016年开展了首次保险法人机构公司治理综合评价工作，共对127家中资保险法人机构公司治理水平和风险状况进行综合评判。从评价得分情况来看，127家保险法人机构2015年度公司治理评价平均得分85.8分，集团或控股公司得分最高，平均得分88.1分；产险公司得分最低，平均得分84.2分。127家公司中，优质类公司（大于等于90分）49家，占比38.6%；合格类公司（大于等于70小于90分）72家，占比56.6%；重点关注类公司（大于等于60分小于70分）2家，占比1.6%；不合格类公司（小于60分）4家，占比3.2%。评价结果显示治理机制运行不到位是扣分的主要原因。保险公司治理监管经过十年的发展，目前全行业对完善公司治理结构的重视程度普遍提高，落实监管制度的主动性得到提升，公司治理逐渐从监管机构的外部要求内化为公司的自发要求，但公司治理从“形似”到“神至”，充分发挥治理机制有效性方面还有一定差距，如董事会专业委员会无实质运作、独立董事独立性缺失、专职内审人员不足、内审职能作用未有效发挥、薪酬管理不规范等问题仍然存在。

四、从保险公司治理到保险机构治理

（一）保险机构治理内涵

公司治理是通过一套包括正式或非正式的、内部的或外部的制度或机制来协调公司与所有相关者之间的利益关系，以保证公司决策的科学化，从而最终维护公司各面利益的一种制度安排（李维安，2001）。按照公司治理和保险公司治理的内涵，实际上保险业中任何组织均存在治理问题。所谓保险机构治理（insurance institution governance）是保险经营机构治理和保险中介机构治理的总称，保险经营机构治理包括保险公司治理、保险集团公司治理、相互保险组织治理、再保险公司治理、保险资产管理公司治理、外资保险公司代表处治理和自保公司治理等，保险中介机构治理包括保险代理机构治理、保险经纪机构治理和保险公估机构治理。

（二）保险经营机构之保险公司治理

截至 2016 年底，我国财产保险公司合计 70 家，其中，中资占 48 家，外资为 22 家。我国人身险保险公司合计 83 家，其中，中资占 48 家，外资为 35 家。保险公司是以公司的形式经营保险业务的经济主体，它必然具有公司的一般特征，一般治理原理也会在保险公司中发挥基础性作用，这一点不能否认。但正如前文所分析，保险公司治理从目标、原则、结构与机制等方面均存在一定的特殊性，即使是不同业务类型的保险公司，在治理上也存在细微差异。

（三）保险经营机构之保险集团公司治理

随着我国保险业的发展，保险公司集团化经营态势越加凸显，出现了多家保险集团公司。截至 2016 年年底，我国保险集团控股公司合计 11 家，全部为中资控股公司。保险集团公司是保险经营机构的重要组成之一，是由控股公司或母公司（包括其分公司）、子公司、关联公司形成的一种中间型组织形式。过去理论和实践中，经常会出现将保险集团公司等同于保险集团控股公司的问题，但随着组织理论的发展和对组织认识和研究的深入，我们发现保险集团公司不等同于保险集团控股公司，保险集团公司的内涵更加广泛。如果将保险集团控股公司等同于保险集团公司，其结果往往是导致保险集团公司“集”而不“团”，也正是因为如此，保险集团公司治理相对于保险集团控股公司来说也存在着一定的特殊性。保险集团公司治理就是指围绕集团公司这种特殊形态的组织而进行的制度安排设计，保险集团公司治理具有“超法人边界”治理特征。保险集团控股公司治理是保险集团公司治理的核心，既包括自身的治理问题，也包括母子公司之间的关系治理问题，因为保险集团各成员公司具有法律上的独立性，彼此之间存在信息不对称，因而母子公司之间容易产生基于股权关系的代理问题。

（四）保险经营机构之相互保险组织治理

相互保险组织或互助保险组织，也称为相互制保险组织、互助制保险组织、相互保险机构和互助保险机构等。相互保险组织主要有相互保险社、保险合作社、交互保险社和相互保险公司四种形式。其中，相互保险公司是最主要形式。我国自 1979 年恢复保险业务以来，保险公司的组织形式一直是股份制，2009 年新修订的《保险法》明确了我国保险公司组织形式多元化的格局，股份有限公司、有限责任公司和相互保险公司三类保险公司共同存在和发展。我国 2015 年出台的《相互保险组织监管试行办法》（以下简称《办法》）中指出，相互保险是指具有同质风险保障需求的单位或个人，通过订立合同成为会员，并缴纳保费形成互助基金，由该基金对合同约定的事故发生所造成的损失承担赔偿责任，或者当被保险人死亡、伤残、疾病或者达到合同约定的年龄、期限等条件时承担给付保险金责任的保险活动。《办法》同时指出，相互保险组织是指，在平等自愿、民主管理的基础上，由全体会员持有并以互助合作方式为会员提供保险服务的组织，包括一般相互保险组织，专业性、区域性相互保险组织等组织形式。

相互保险组织治理的特殊性分析同样需要从其治理目标展开，由于相互保险组织的经营目标是非营利性的，所以保险机构治理的目标一定是要保护好包括投保人在内的所有利益相关者的利益，而在所有利益相关者中，投保人是其核心利益相关者。投保人既是一般意义上的投保人，同时也是相互保险组织的股东。如果说在营利性质的一般保险公司中，对于所有利益相关者的重要性排序还存在一定的疑惑或者怀疑，那么在相互保险组织中，投保人的重要性则是毋庸置疑的。正是因为其治理目标的特殊性，相互保险组织的治理结构与机制安排上相对于一般公司和一般保险公司都存在一定的特殊性。例如，相互保险社和交互保险社都不具有法人资格，治理结构上不存在一般公司的“三会一层”，即股东大会或股东会、董事会、监事会和经理层；治理机制上更多地体现为合同或者契约。即使是具有法人资格的相互保险组织，在具体的治理结构与机制上也不同于一般保险公司，而这种特殊安排主要还是服从于相互保险组织的治理目标。很早就有学者关注相互制保险公司治理问题的研究，Spiller（1972）对比研究了股份制保险公司和相互制保险公司，认为二者之间的财务绩效差别来源于公司所有权的差异。该研究也被认为是目前对保险公司治理问题展开研究的标志性文献。相互制保险公司将公司所有者与公司客户或债权人合二为一，形成了有别于股份制公司的治理模式，具有化解利益冲突、降低道德风险、解决逆向选择、处理不完全合同等机制；互助是保单持有人参与公司治理的行动基础，分红是保单持有人参与公司治理的行动激励（方国春，2015）。

（五）保险经营机构之再保险公司治理

再保险也称分保或保险的保险，指保险人将自己所承担的保险责任，部分地转嫁给其他保险人承保的业务。再保险公司是指专门从事再保险业务、不直接向投保人签发保单的保险公司，就是保险公司的保险公司。截至 2016 年年底，我国再保险公司合计 10 家，其中中资的有 4 家，外资 6 家。在组织架构上，国际大型再保险公司大都采用了金融控股集团的发展模式，绝大多数的主营业务子公司被设为全资子公司，这些全资子公司的治理是集团治理的一个方面，在全资股权安排下，与一般保险公司治理相比要简单一些，因为作为治理基础的股权结构中只有一个股东，即通常所说的独资或全资。

（六）保险经营机构之保险资产管理公司治理

保险资产管理公司从事资产管理业务，代理客户进行投资运作以使客户的资金获得保值和增值，这是一种典型的委托代理关系。截至 2016 年年底我国保险资产管理公司合计 21 家，其中中资的为 20 家，仅有 1 家为外资公司。保险公司作为委托人和资产管理公司签订委托协议，同时制定投资指引，确立与作为代理人的资产管理公司的权利义务关系。资产管理公司治理结构和机制是否完善对于保证委托人的利益影响非常重大（苏媛，2009）。目前我国保险资产管理公司都是由保险母公司发起设立的，母公司拥有的股权超过 50%，占有绝对的控制地位，股份的流动性差，因此，在这样股权结构安排下，如何使资产管理公司董事会、监事会和经理层有效运作是其治理的关键。

（七）保险经营机构之外资保险公司代表处治理

2015 年，外资保险公司实现保费收入 1164.2 亿元，同比增长 29.1%，占全国保费收入的4.8%，占比较上年提高0.3个百分点。外资保险公司总资产达8344.5亿元，较年初增加1697.8亿元，增长25.5%，占比为6.8%，同比上升0.3个百分点。截至2015年底，共有16个国家和地区的保险公司在我国设立了56家外资保险公司；外国保险机构在华设立代表处141家。外资保险公司代表处一般来说不具有法人资格，所以在治理上也具有非常明显的特殊性。外资保险公司代表处内部治理较为简单，不设“三会一层”，外部治理方面与一般保险公司治理类似，中国保监会对其机构设立、代表资格和变更、机构退出以及信息披露方面进行外部监管。

（八）保险经营机构之自保公司治理

自保公司是指由非保险公司中的大型集团公司等投资设立的保险机构，负责承包母公司、子公司或其关联公司的保险业务，是公司自留风险管理技术的一种形式。相比一般商业保险公司，专业自保公司可以通过对业务发展的深刻理解，提供个性化、覆盖广、承保能力强的保险产品，可以通过保险机制安排嵌入集团的全面风险管理体系，有助于提升集团整体风险管理水平。截至2016年10月，国内企业设立的自保公司共有5家，其中包括注册地在境内的中国石油天然气集团公司以及中国铁路总公司的自保公司，以及注册地在香港的中国海洋石油总公司、中国石油化工集团公司和中国广核集团有限公司的自保公司。自保公司在经营和治理上与一般保险公司也存在显著差异。目前我国的自保公司都是由大型集团公司设立的，占绝对控制地位，自保公司股权结构简单。例如中石油专属财产保险股份有限公司是由中国石油天然气集团公司和中国石油天然气股份有限公司在中国境内发起设立的首家自保公司，其中，中国石油天然气集团公司持股51%，中国石油天然气股份有限公司持股49%；而中国铁路财产保险自保有限公司是由中国铁路总公司出资设立的自保公司，中国铁路总公司持股100%。同时，由于自保公司主要面向集团内部开展业务，其所涉及的利益相关者也相对简单。

（九）保险机构之保险中介机构治理

保险市场的三大主体包括保险公司、投保人和保险中介机构。保险市场存在着明显的信息不对称和不完全现象，造成了保险公司和投保人或者消费者之间的相互不信任，而保险产品的复杂性和长期性特点则对投保人的专业能力提出了很高的要求（Cummins&Doherty，2006；Eckardt，2007），而大量的行政事务、讨价还价等都耗费了投保人和保险公司大量的时间和精力，增加了交易的成本，保险中介机构则能够通过降低交易成本来增加交易双方的价值（Benston&Smith，1976；Spulber，1999），因此便有了保险中介机构的存在。它能够降低保险公司和投保人之间的信息不对称程度，缓解二者之间的委托代理问题。所以，无论是从信息经济学角度来说，还是从制度经济学角度来说，保险中介机构都有其存在的必要性和重要性。

在我国，保险中介属新兴行业。1949–1988 年间，保险中介业务一直是由一家国有保险公司垄断经营。1988 年以后，保险公司数量逐渐增多，经营方式上采取集研发、销售、理赔、服务等业务于一身的模式。这种模式提高了保险公司的运营成本，降低了保险公司的盈利能力，阻碍了保险公司的发展。这就迫切要求保险专业中介机构的建立。自 20 世纪 80 年代初以来，伴随着保险业的复业发展和改革开放进程，我国保险中介应运而生，从无到有、从单一到多元，经历了以保险代办点广泛铺开为标志的萌芽起步期（1992 年以前）、以保险营销体制引进推广为标志的快速成长期（1992–1999 年）、以保险专业中介准入发展为标志的制度突破期（1999–2004 年）、以资源型渠道崛起为标志的兼业代理渠道创新扩张期（2004–2009 年）和以防范化解风险为标志的转型期（2009 年至今）五个主要阶段，初步形成了数量众多、形态多样、功能互补、覆盖广泛的市场体系，成为保险市场不可或缺的重要组成部分（黄洪，2015）。自 1999 年我国第 1 家保险专业代理机构山东通泰保险代理公司（2004 年已退出市场）成立至今，保险专业中介机构数量激增。截至 2015 年年末，全国共有保险专业中介结构 2503 家，同比减少 43 家，其中，保险中介集团 6 家，保险专业代理机构 1719 家，保险经纪机构 445 家，保险公估机构 333 家，全国保险专业中介机构注册资本 289.5 亿元，同比增长 10.7%；全国共有兼业代理机构网点 21 万余家，其中，金融类近 18 万家，非金融类 3 万余家；全国共有保险营销员 600 万人左右。

无论是将保险中介机构与一般公司和保险经营机构进行比较，还是在具体类型中介机构之间进行比较，我们不难发现，它们在治理各维度上都存在一定的区别，或者说保险中介结构治理同样具有一定的特殊性。保险中介机构作为保险公司和投保人之间的桥梁和纽带，最基本的作用是通过服务降低二者之间的信息不对称程度，但保险中介机构的介入实际上会带来新的信息不对称问题，即保险公司和中介机构之间以及中介机构和投保人之间的委托代理问题，由此会引起新的道德风险、逆向选择等利益冲突。所以保险中介机构治理的目标不应仅仅局限于中介机构股东利益最大化，而且还要考虑上游保险公司和下游投保人的利益，治理要实现整个价值链条的利益最大化。再有，保险中介机构进入和退出市场化程度高。保险专业中介是我国金融领域中市场化程度最高的行业，从建立制度之初，中国保监会就重视发挥市场机制对保险中介资源配置的作用，实行日常化审批，并及时将严重违法违规的保险中介机构从市场清除，不人为设定市场准入和退出数量限制，保持“进口”和“出口”畅通，初步建立起平稳有序的保险中介市场化准入和退出机制。退出市场化还体现在产品市场竞争这一外部治理机制方面。保险中介机构市场地位逐步提高，一些具有人才、专业优势、经营管理较好的保险中介机构逐渐在市场上站稳了脚跟，成为行业的领跑者，通过资源整合和机构扩张，规模逐渐壮大，而一些成立时间短、缺乏资金实力和经营特色的中介机构，在股东压力和市场竞争的双重挤压下，生存受到挑战直至退出市场（于殿江、柏士林和胡玉翠，2011）。

五、从保险机构治理到保险业治理

我国经济近半个世纪以来，特别是改革开放后，一直保持着高速增长的态势。2010年至今稳居世界第二，2015年我国GDP总量达到676708亿元，2016年上半年GDP总量达到340637亿元。这些年经济的快速发展，当然离不开金融提供的支持和配合，这也是世界范围的普遍经验和总结。“金融很重要，是现代经济的核心。金融搞好了，一着棋活，全盘皆活”（邓小平，1991）。2010年末，银行、证券、保险业金融机构总资产达到101.36万亿元，较2005年末累计增长158%。其中，保险业金融机构总资产达到5.05万亿元，位居第二位，比2005年末增长230%。2014年末，保险业金融机构总资产为10.16万亿，首次突破10万亿。2015年末，保险业金融机构总资产为12.36万亿，较年初增长21.65%。截至2016年10月底，保险业金融机构总资产148026.64亿元，较年初增长19.76%，其中产险公司总资产22866.84亿元，寿险公司总资产122222.68亿元，再保险公司总资产2701.15亿元，资产管理公司总资产404.30亿元。

从1979年决定恢复保险业，到目前的高速发展，中国保险业走过了1980年复业—1996年首次扩容—2004年再次扩容—2005年全面开放—2006年“国十条”出台—2014年新“国十条”出台的历程。我国保险业自1980年恢复以来，保费收入占世界份额逐年提高，保险业基本保持了一个比世界范围保险业明显更快的增长速度，这样快速的发展，主要得益于国务院两次以“顶层设计”的形式对我国保险业的改革发展进行的全面部署。2006年6月15日出台的《国务院关于保险业改革发展的若干意见》（保险业的“国十条”）文件中，明确提出了加快我国保险业改革发展的总体目标和主要任务；2014年8月10日国务院颁布《国务院关于加快发展现代保险服务业的若干意见》（保险业的新“国十条”），这是八年之后再次对我国保险业改革发展做出的顶层设计，明确了我国保险业未来一段时间发展的目标，“到2020年，基本建成保障全面、功能完善、安全稳健、诚信规范，具有较强服务能力、创新能力和国际竞争力，与我国经济社会发展需求相适应的现代保险服务业，努力由保险大国向保险强国转变。保险成为政府、企业、居民风险管理和财富管理的基本手段，成为提高保障水平和保障质量的重要渠道，成为政府改进公共服务、加强社会管理的有效工具。保险深度（保费收入/国内生产总值）达到5%，保险密度（保费收入/总人口）达到3500元/人。保险的社会‘稳定器’和经济‘助推器’作用得到有效发挥”。两次保险业顶层设计均将保险公司现代企业制度建设和完善作为改革和发展的重要内容，而其中的核心是完善保险公司治理。

保险业通过契约形式将资金集中起来，用以补偿被保险人的经济利益。这个行业也存在治理的问题，即保险业治理，或者简称保险治理。所谓保险业治理（insurance industry governance），就是指政府部门对保险行业未来发展的顶层设计即发展方针的制定，监管机构对保险业未来发展方针的落实和对保险机构的监管即发展规划的设计和相关监管制度的制定，包括行业协会在内的非政府组织对保险机构的自律引导即发挥非政府监管的作用；以及行业内包括监管机构、非政府组织、保险经营机构和保险中介机构等组织的治理结构构建与治理机制作用发挥。保险业治理的目标是保证这些组织能够科学和有效地进行决策，最终使保险业在符合国家相关产业政策的前提下健康发展，进而服务经济和社会，参与国家治理。

上面给出了保险业治理的内涵界定，为了更好地理解其内容，本文用数字“1”“2”“3”“4”来进一步刻画保险业治理，具体含义如下：

所谓“1”，是指保险业治理的一大目标。保险业治理的目标是保险业健康发展，也就是说我国开展的各种类型的治理活动，建立的各种机制与机构，终极目标只有一个，让我国保险业能够又好又快地发展。

所谓“2”，是指保险业治理的两大环境，即制度环境和产业环境。治理活动离不开制度环境，治理好了，制度环境反过来会得到改善；治理活动更离不开产业环境，产业环境中的市场集中度、市场的结构等内容都可能会对治理产生影响。

所谓“3”，是指保险业的三大治理机制，即顶层设计、保险监管和自律引导。其中顶层设计主要是由政府这一治理主体使用，保险监管主要是由保险监管机构来使用，而自律引导则主要是由中国保险行业协会、中国保险学会等非政府组织使用。

所谓“4”，是指保险业的四大治理子系统，主要包括保险监管机构治理子系统、非政府组织治理子系统、保险中介机构治理子系统和保险经营机构治理子系统，保险业治理包括了保险机构治理和保险公司治理，它们之间的区别详见表2。

表 2 保险公司治理、保险机构治理与保险业治理区别

比较内容	一般公司治理	保险公司治理	保险机构治理	保险业治理
治理层次	微观层面	微观层面	中观层面	宏观层面
治理主体	股东、债权人等	投保人、股东、监管机构等	股东、监管机构等	监管机构、行业协会等非政府组织
治理结构	三会一层	三会一层，但有特有高管和部门	中介机构治理结构简单，经营机构中每种类型都有一定特殊性	大系统与子系统的关系，子系统与子系统的关系
治理机制	决策机制、监督机制、激励和约束机制、产品市场竞争等	决策机制、监督机制、激励机制、约束机制和外部监管等	集团控股公司和分支机构有控制等特殊治理机制	总体上顶层设计、保险监管、自律引导；子系统内部有沟通机制、协调机制、决策机制、监督机制等
治理边界	法人边界之内，即公司内部	法人边界之内，即公司内部	超越法人边界，例如保险集团	边界虚化
治理目标	保护中小股东利益	基于利益相关者理论，治理目标是保护投保人和股东利益	除保险公司之外，其他保险机构更多追求的是股东利益最大化	行业健康发展，服务经济和社会，参与国家治理
治理依据	公司章程、《公司法》、《上市公司治理准则》、《上市公司与投资者关系工作指引》、《上市公司股东大会规则》、《上市公司信息披露管理办法》、《企业内部控制基本规范》等	公司章程、《保险公司股权管理办法》、《保险公司董事会运作指引》、《保险公司董事、监事和高级管理人员任职资格管理规定》、《保险公司信息披露管理办法》等	各类保险机构章程、《再保险公司设立规定》、《保险资产管理公司管理暂行规定》、《保险集团公司管理办法（试行）》、《外国保险机构驻华代表机构管理办法》等	《保险法》、《中国保险监督管理委员会规章制定程序规定》、《中国保险监督管理委员会派出机构监管职责规定》和《中国保险监督管理委员会政府信息公开办法》等

资料来源：作者整理。

三十年的改革开放，中国保险业完成了经营体制改革、股份制改革及公司治理改革等一系列改革创新，从封闭走向全面对外开放（孙蓉和杨馥，2008）。我国保险业的改革发展及其取得的成绩体现了我国保险业的治理能力。中国保监会主席项俊波（2016）用十八个字概括“十三五”我国保险业，即服务国家战略、补齐发展短板和筑牢风险底线。在服务国家治理体系和治理能力现代化的进程中，保险业要成为经济转型升级的重要动力，为提升国家经济治理水平服务；要成为改善民生保障的有力支撑，为提升国家社会治理水平服务；要成为转变政府职能的有效抓手，为提升政府治理水平服务（项俊波，2014）。从这个意义上来说，保险业又是国家治理的重要手段或者机制，保险业会对国民经济发展带来影响，即保险业参与到国家治理过程中。《中共中央关于全面深化改革若干重大问题的决定》中先后 17 次提到“保险”两字，这都说明了保险业治理的重要性。

六、研究结论与启示

后危机时期，金融机构正在经历着从治理参与者到被治理者的身份转变，金融机构治理成为公司治理理论界和实务界的热点与前沿问题。保险公司是重要的非银行业金融机构，其自身也存在治理问题，即保险公司治理。保险公司经营特殊性决定了保险公司治理在目标、原则、结构与机制等方面特殊性。而保险公司治理的特殊性决定了保险公司治理并不是公司治理理论在保险领域的简单套用，而是一般公司治理理论与保险公司特殊性的有机统一（李维安和曹廷求，2005）。本文给出了保险公司治理的内涵，重点分析了保险公司治理目标的特殊性，同时对保险公司的委托代理问题及其产生的代理成本进行了剖析。同保险公司一样，保险集团公司、保险资产管理公司、再保险公司、外资保险公司办事处、保险中介机构等均存在治理问题，但相对于一般公司和保险公司来说，它们的治理均具有一定的特殊性。因此，本文在界定保险公司治理内涵基础上，结合我国保险业实践，提出了保险机构治理的概念，保险机构治理包括保险经营机构和保险中介机构治理，保险机构治理实际上涵盖了保险公司治理，范围更广，属于中观层面的治理问题。在保险机构治理分析的基础上，本文提出了保险业治理这一概念，保险业治理则是宏观层面的治理问题，在治理主体、机制、边界、目标和依据上，不同于一般公司治理和包括保险公司治理在内的保险机构治理，当然，保险机构治理属于保险业治理的范畴。需要说明的是保险业治理与保险机构治理的关系并非像保险机构治理与保险公司治理那样简单的包含被包含关系。从微观层面的保险公司治理到中观层面的保险机构治理，再到宏观层面的保险业治理，是我国国家治理能力日益提高在保险业的生动体现。寄希望本文对保险公司治理概念的辨析与拓展一方面能推进保险公司治理学科的研究进展，另一方面能够加快我国保险业治理能力现代化的进程。

参考文献

[1] Eells, R. The Meaning of modern business: An introduction to the philosophy of large corporate enterprise. New York: Columbia University Press, 1960.

[2] Fama, E.F., Jensen, M.C. Separation of ownership and control. Journal of Law and Economics, 1983, 26（2）: 301-325.

[3] Jensen, M.C., Meckling, W.H. Theory of the firm: Managerial behavior, agency costs and ownership structure. Journal of Financial Economics, 1976, 3（4）: 305-360.

[4] Shleifer, A., Vishny, R.W. A survey of corporate governance. The Journal of Finance, 1997, 52（2）: 737-783.

[5] Spiller, R. Ownership and performance: Stock and mutual life insurance companies. Journal of Risk and Insurance,

1972, 39（1）：17–25.
[6] Tricker, R.I. Corporate governance: practices, procedures and powers in British companies and their boards of directors. Farnham: Gower Pub. Co, 1984.
[7] Williamson, O.E. Corporate governance. Yale Law Journal, 1984, 93（7）：1197–1230.
[8] Williamson, O.E. On the governance of the modern corporation. Hofstra Law Review, 1979, 8（1）：63–78.
[9] 贲奔、臧明仪．保险公司治理监管的硬约束．《中国金融》，2014（6）：56–58.
[10] 郝臣、李慧聪、罗胜．保险公司治理研究：进展、框架与展望．《保险研究》，2011（11）：119–127.
[11] 郝臣．《保险公司治理对绩效影响实证研究—基于公司治理评价视角》．北京：科学出版社，2016.
[12] 郝臣．《中国保险公司治理研究》．北京：清华大学出版社，2015.
[13] 李维安、曹廷求．保险公司治理：理论模式与我国的改革．《保险研究》，2005（4）：4–8.
[14] 李维安、郝臣．金融机构治理及一般框架研究．《农村金融研究》，2009（4）：4–13.
[15] 李维安．《公司治理》．天津：南开大学出版社，2001.
[16] 李维安．《公司治理学》．北京：高等教育出版社，2005.
[17] 钱兵、陈功．论保险中介公司治理结构的完善．《保险研究》，2007（3）：77–80.
[18] 苏媛．保险资产管理公司治理问题及改进建议．《金融时报》，2009–03–23（008）.
[19] 孙蓉、杨馥．改革开放三十年：中国保险业的变迁与发展．《保险研究》，2008（12）：7–15.
[20] 项俊波．充分发挥保险在服务国家治理中的作用．《学习时报》，2014–09–08（004）.
[21] 袁力．保险公司治理：风险与监管．《中国金融》，2010（2）：13–15.
[22] 张扬、郝臣、李慧聪、褚玉萍．保险公司治理特殊性分析——三家上市保险公司的案例研究．《管理案例研究与评论》，2012（4）：265–276.

Discrimination and Expansion of Insurance Company Governance Concept——Based on the Perspective of China's Practice

Hao Chen Cui Guangyao

Abstract: With Berle and Means opened the door to corporate governance issues in 1932, the specific type of company or organization's governance problem has been an important research area. As an important component of non-bank financial institutions, insurance companies and their governance have become more and more important. This paper defines the connotation of insurance company governance and points out that insurance company governance is not the general corporate governance theory in the insurance company application. The operation specificity is the logic starting point of insurance company governance, and the governance specificity is the main line of insurance corporate governance; Insurance company governance has broad and narrow sense. On the basis of these, combined with the practice of China's insurance industry, this paper expands the insurance company governance at the micro level to the insurance institution governance at the meso level and the insurance industry governance at the macro level, and analyses these concepts from the governance objectives, governance subjects, governance structure, governance mechanism, governance boundary, governance basis, and other aspects.

Key words: corporate governance; insurance; insurance company governance; insurance institution governance; insurance industry governance

CEO的核心自我评价对公司创新绩效的影响研究①

张 昊 董智琦

（东北大学工商管理学院，沈阳 110617）

摘要：首席执行官（CEO）的个人特质对企业创新绩效会产生导向性的影响，前人的研究多使用CEO的客观特质，而忽略了CEO核心自我评价的作用。基于高阶理论，探讨CEO核心自我评价、市场导向和企业创新绩效之间关系，并参考高管团队（TMT）行为理论引入了TMT协作行为，探讨其调节作用。选取103位CEO为样本进行问卷调查。数据分析结果表明，CEO核心自我评价对市场导向和企业创新绩效有显著正向影响；市场导向在CEO核心自我评价和企业创新绩效间起到部分中介作用；此外，当TMT表现出更配合的协作行为时，CEO核心自我评价和市场导向对企业创新绩效的影响将显著增加。研究结论丰富了高阶理论、高管团队行为理论和企业创新理论，并对中国企业管理实践具有重要的指导意义。

关键词：CEO核心自我评价；高管团队协作行为；市场导向；创新绩效

一、引言

创新是企业获取核心竞争力的源泉，是企业生存和发展的核心驱动力（Sorescu&Spanjol，2008）。影响创新绩效的各层面因素很多，其中以CEO为代表的高层管理者能够决定企业的生产运作和研发方向，在创新活动中扮演者主导角色（Sorescu&Spanjol，2007），对提升企业创新能力起到至关重要的作用。对CEO等高管的研究普遍基于上层梯队理论，认为组织绩效是高层领导者认知和价值的反映，据此大量学者从CEO性格特征角度入手验证其对组织行为的影响（Miller，1983；Chatterjee&Hambrick.，2008）。现有研究对CEO性格的判断往往通过二手数据收集的方法来实现。但是，仅仅依靠二手数据推断CEO性格特征缺乏准确性，无法得到对CEO个性和信念的直接评价（Simsek et al.，2010）。为了克服这一局限性，Simsek等

① **基金项目**：国家自然科学基金项目（71672027）。

作者简介：张昊，东北大学工商管理学院副教授；董智琦，东北大学工商管理学院硕士研究生。

提出使用核心自我评价（core self-evaluation）这一概念，通过一手数据收集，对 CEO 性格特征得出直观评价。

核心自我评价是个人对于自身价值和能力的长期基础性评价（Judge et al., 1997）。研究者认为可以用核心自我评价捕获个体嵌入在自尊、情绪判断和心理控制中的共同要素，作为对于个性的有效判断，它比使用二手数据反应性格的衡量效果更真实有效，能降低研究误差，减少对性格预测不准确的情况发生（Simsek et al，2010）。因此，研究者开始倾向于使用核心自我评价来反映企业 CEO 的性格，并通过实证研究验证了 CEO 核心自我评价对于战略流程，风险承担和企业家导向等战略绩效的影响（Hiller&Hambrick，2005；Haleblian et al.，2004）。

但是，前人对于 CEO 核心自我评价的研究存在一定的局限。首先，虽然验证了 CEO 核心自我评价与企业战略绩效的作用关系，但是缺乏对创新绩效影响的验证。另外，现有研究忽视了对 CEO 核心自我评价影响机理的探究，在 CEO 性格如何作用于企业绩效这一关键问题上缺乏深入了解。最后，前人研究往往聚焦于企业外部因素对 CEO 核心自我评价与战略制定的相关影响，如：Simsek 等（2010）认为外部环境的变化会提升 CEO 核心自我评价对公司治理导向的作用，却忽略了企业内部因素的作用，如高管团队内部协作程度等等。因此，本文在探索 CEO 核心自我评价对企业创新绩效的影响的基础上，引入市场导向作为中介变量，探索 CEO 核心自我评价的作用机理。然后，在高管团队行为理论的基础上，验证高管团队的协作行为对创新绩效和市场导向的调节作用。研究推动企业治理相关理论的发展，并为后续研究提供实证支持与理论启示，同时为中国管理实践提供了创新思路。

二、文献综述与假设提出

（一）CEO 核心自我评价

核心自我评价是一个人对于自身的基础评价（Judge&Bono，2001）。它是一个潜在且宽泛的结构，由四个基本特质组成：自尊，广义自我效能，神经质（情绪稳定性）和内外控（控制点）（Judge&Erez，2003）。自尊是个人对于自我价值的认可（Rosenberg，1965）；广义自我效能是个人在广义环境下对自我能力的认知（Chen et al，2001）；神经质（情绪稳定性）是个人感知平静的倾向（Eysenck，1997）；内外控是个人对于期望结果来源于个人行为而不是外部影响的信念（Rotter，1966）。前人从企业员工的角度出发，验证了核心自我评价通过影响自身的目标（Erez&Judge，2001）、职业决策（Zhou，2005），创造性（Chiang et al.，2014）等要素对员工的工作绩效有显著的影响。而CEO作为企业的最高级员工，他的核心自我评价影响已经不仅仅局限于个体层面，而是对整个组织的绩效都会产生影响（Simsek et al.，2010）。

高核心自我评价的CEO自我认可程度较高，个性鲜明，在做出战略决策的时候也更为自信，因此，对于整个企业战略的实施起到至关重要的作用（Hiller&Hambrick，2005）。Simsek等（2010）通过对129家企业的CEO进行调查后发现，核心自我评价越高的CEO越愿意将企业的战略设定为公司治理导向，特别是身处动荡环境中的企业，CEO核心自我评价的影响更为显著。Chng等（2012）通过管理模拟的方式，验证了核心自我评价高的企业领导者在组织衰退期间作为对较高激励补偿的反应，表现得更有毅力，更加关注竞争，行为更为道德，更愿意承担战略风险。综上，作为CEO性格的一种有效反映，CEO核心自我评价对于组织战略绩效的影响十分显著，但是，前人的研究却忽略了其对企业创新表现的作用。

（二）CEO核心自我评价对企业创新绩效的影响

核心自我评价是个体对内在动因的认知而产生的主观评价（Chiang et al.，2014），而内在动因则是个人创造力的源泉（Amabile，1983），因此，核心自我评价能够对创造力产生积极影响。对于CEO而言，核心自我评价越高，他们对自身能力抱有信心越大，对周围环境变化越敏感，把握机会的主动性越强，也更倾向于追求高风险和高回报，对未知领域表现出更强的好奇（Simsek et al.，2010）。所以，高核心自我评价CEO的企业也更愿意采用创新战略，在研发方面的投入也更高，企业在创新方面的表现也更好。例如：Driesch等（2015）将CEO性格与组织资源向联系，通过对295名CEO的调查发现，CEO核心自我评价对于企业的研发、生产、营销能力均起到显著正向的作用。因此，提出假设：

H1：CEO核心自我评价越高，企业的创新绩效越好，即CEO核心自我评价与企业创新绩效呈正向相关关系。

（三）市场导向的中介作用

CEO的核心自我评价越高意味着自我认可程度越高，个性越强。他们相信自己和团队的决策力，行动积极高效（Judge et al.，2003），先天的风险偏好和积极的心理状态能使他们更加善于发现并抓住潜在的机会，也因此认为自己可以掌握环境，准确预测并抓住市场，将市场导向纳入企业战略制定的过程中。相反，核心自我评价低的CEO 更倾向于自我怀疑，当面临不确定的情况时对自己的能力缺乏信心，更倾向于规避风险（Hiller，2005），将注意力放在内部管理与控制上，从而忽略市场。因此，提出假设：

H2：CEO 核心自我评价对企业市场导向有显著正向影响。

市场导向是企业对市场信息的整体把握，市场导向的发展是影响企业绩效的关键（Narver&Slater，1990；Grewal&Tansuhaj，2001）。市场导向的原则是，建立以顾客为核心的组织文化，促进企业实施为顾客创造卓越价值的商业行为（Kohli&Jaworski，1990）。近年来，越来越多实证研究表明市场导向和企业绩效之间有着更为密切的关系（Matsuno&Mentzer，2000；Rapp et al.，2008；Jaworski&Kohli，1993），这种关系不仅体现在财务指标上，更加体现在顾客满意度、创新等非财务绩效上（Zhang et al.，2013）。Jaworski 和 Kohli（1993）的研究结果表明，市场导向行为有利于企业提高新产品开发速度和市场推广成功率。Zhou 等（2005）明确指出，企业市场导向通过向主流用户提供更多价值从而有助于企业创新绩效的显著提升。市场导向作为企业的战略导向，一方面是企业高层管理者的认知和意识的体现，另一方面作为企业发展方向和资源配备的指挥棒，对企业的创新绩效产生显著影响。综上，CEO 的核心自我评价通过影响企业层面最重要的战略——市场导向对企业创新绩效产生影响。因此，提出假设：

H3：市场导向在 CEO 的核心自我评价与企业的创新绩效之间起到中介的作用。

（四）高管团队协作行为的调节作用

高层管理团队（TMT）是指公司高层决策团队，成员包括首席执行官（CEO）和总裁以及首席财务官（CFO）、首席运营官（COO）等副总裁级别及以上职位的高级管理人员。其成员均来自企业战略制定与执行层，负责整个企业的组织与协调，对企业经营管理拥有决策权与控制权。高层管理团队的特质与战略方向、市场状态和绩效结果都高度相关（Finkelstein&Hambrick，1996）。据此，大量学者探讨 TMT 不同行为表现和组织绩效之间的关系（Simsek et al.，2005），其中 TMT 协作行为是最重要的行为表现之一。TMT 协作行为是高层管理团队作为一个“真正的团队”在执行力方面表现出的协作程度（Boone&Hedriks，2009）。

TMT 的协作行为主要包括：（1）成员彼此利用互补的资源和技能，增加团队整体有效执行的职能（行为守则）；（2）增强认知能力，用以解释处理复杂的信息，并简化工作流程（认知复杂性）（Yukl，2002）；（3）增加应对能力，在不同情境中做出适当的反应（行为分化）（Zaccaro et al.，1991）。前人研究指出，TMT通过协作行为进行联合决策，能够加速组织内部信息交换，使沟通变得开放透明，有助于提高团队成员的工作满意度，产生组织公民行为，并达到激励的效应（Anderson&Daniel，1999；Pearson&Duffy，1999）。可见，TMT协作行为起到催化剂的作用，促进企业战略在各个部门的实施，进而提升企业绩效。因此，提出假设：

H4：TMT协作行为越高，CEO核心自我评价对于企业市场导向和创新绩效的影响越显著。

H5：TMT协作行为越高，市场导向对于企业创新绩效的影响越显著。

三、研究方法

（一）变量的测量

对于CEO核心自我评价，市场导向，创新绩效和高层管理团队协作行为的衡量均使用先前的量表为基础，并经过重新修正，所有问项采用李克特五点量表进行衡量（其中1＝很不同意，5＝非常同意）。

传统测量CEO性格的方法是二手数据法，通过对CEO的年龄、教育程度等变量的分析客观反映CEO性格。数据既不能准确反映CEO核心性格特征，又带有主观加工色彩，极易造成偏差。本实验对自变量衡量采用一手数据法，其问项改编自Simsek等（2010）开发的量表并进行了修订，从三个维度进行提问，包括"我相信我能在生活中得到应得的成功"，"当我尝试我一般会成功"，"我很少怀疑我的能力"。市场导向综合了Narver和Slater（1990）和Zhou等（2005）的量表，用了三项指标："客户承诺"，"了解客户的需求"，"客户满意目标"。创新绩效的测量参考了Danneels和Kleinschmidt（2001）和Zhang等（2015）的研究，基于企业创新表现通过三个问题进行测量，"我们的产品高度创新，取代劣等的选择"，"我们的产品融合了全新的技术支持"，"我们的产品的功能完全区别于主要竞争对手"。TMT协作行为参考Bonne和Hendriks（2009）的研究，通过三个问项进行测量："在这个团队中有丰富有益的合作"，"向组内任何成员咨询意见都很容易"，"这家公司的管理团队运作得像一个真正的团队"。

为了控制外生变量的影响，我们将公司规模，CEO年龄，CEO教育，CEO任期和TMT数量这五个因素作为控制变量。首先，企业规模是一个企业层面的变量，可以根据全职员工的数量的五个类别来衡量（Chandy&Tellis，2000）。CEO年龄，CEO教育，

CEO 任期可以代表 CEO 的特点（Barker&Mueller，2002）。为了与前人的研究保持一致，我们还将控制 TMT 数量作为 TMT 层面的变量（Ling et al.，2008）加以控制。

（二）样本收集与描述

沈阳是中国东北部最大的城市，有着坚实的工业基础。国务院 1988 年批准沈阳高新技术开发区成立，众多高新公司的总部或研发中心都坐落在此，如 IBM，GE，西门子，东软，沈阳飞机制造厂。本研究依托于东北大学 EMBA 教育中心，被试包括就读于该校的 CEO 学员以及非 CEO 学员所在企业的 CEO。在预先进行完电话沟通后，145 位 CEO 表示愿意参与调研工作，问卷收集时间为 2014 年 12 月 1 日至 2015 年 4 月 31 日，共收回问卷 145 份，其中 103 份问卷有效，有效率 71.03%。被试所在企业的基本特征及被试者的人口统计特征如表 1 所示。

表 1　企业基本特征及 CEO 人口统计变量描述

<table>
<tr><th>企业特征</th><th>类别</th><th>数量</th><th>构成比 %</th><th>CEO 特征</th><th>类别</th><th>数量</th><th>构成比 %</th></tr>
<tr><td rowspan="3">所在行业</td><td>农业</td><td>6</td><td>5.8</td><td rowspan="2">性别</td><td>男</td><td>88</td><td>85.4</td></tr>
<tr><td>工业</td><td>61</td><td>59.2</td><td>女</td><td>15</td><td>14.6</td></tr>
<tr><td>第三产业</td><td>36</td><td>35.0</td><td rowspan="3">年龄</td><td>30-40</td><td>18</td><td>17.5</td></tr>
<tr><td rowspan="3">市场范围</td><td>国际市场</td><td>24</td><td>23.3</td><td>40-50</td><td>66</td><td>64.1</td></tr>
<tr><td>国内市场</td><td>45</td><td>43.7</td><td>50 以上</td><td>19</td><td>18.4</td></tr>
<tr><td>地区市场</td><td>34</td><td>33.0</td><td rowspan="3">受教育程度</td><td>专科</td><td>13</td><td>12.6</td></tr>
<tr><td rowspan="4">企业规模</td><td>特大型企业</td><td>8</td><td>7.8</td><td>本科</td><td>63</td><td>61.2</td></tr>
<tr><td>大型企业</td><td>28</td><td>27.2</td><td>硕士</td><td>27</td><td>26.2</td></tr>
<tr><td>中型企业</td><td>42</td><td>40.8</td><td rowspan="4">年收入水平</td><td>10 万以下</td><td>6</td><td>5.8</td></tr>
<tr><td>小型企业</td><td>25</td><td>24.3</td><td>10-20 万</td><td>45</td><td>43.7</td></tr>
<tr><td rowspan="2">企业所在地区</td><td>沈阳市</td><td>74</td><td>71.8</td><td>20-30 万</td><td>34</td><td>33.0</td></tr>
<tr><td>非沈阳市</td><td>29</td><td>28.2</td><td>30 万以上</td><td>20</td><td>19.4</td></tr>
</table>

四、数据分析与假设验证

（一）信效度检验

信度检验需要测量特定问项以及组合的可信度，对每个问项进行信度检验观察确定其是否有突出的因子载荷。每个问项的 R^2 应不小于0.50，在表1中，所有因子载荷都在0.73以上（R^2 高于0.50）；T值在5.340和119.834之间，一般在3.29以上，这表明特定问项的信度高于0.001。组合信度的测试基于Bagozzi和Yi（Bagozzi&Yi，1988）的标准。CR越高（高于0.6），每个构造变量的组合信度越强。如表2所示，所有潜在变量的CR均高于0.80，组合信度达到标准，可以进一步进行分析数据。

表2 信效度检验

变量	问项	因子载荷	T Value	CR	AVE
CEO核心自我评价	我相信我能在生活中得到应得的成功。	0.832	28.746	0.849	0.653
	当我尝试，我一般会成功。	0.830	20.303		
	我很少怀疑我的能力。	0.760	15.874		
市场导向	客户承诺。	0.929	119.834	0.916	0.785
	了解客户的需求。	0.901	62.421		
	客户满意目标。	0.824	21.521		
创新绩效	我们的产品高度创新，取代劣等的选择。	0.926	68.435	0.892	0.736
	我们的产品融合了全新的技术支持。	0.905	48.803		
	我们的产品的功能完全区别于主要竞争对手。	0.730	17.427		
TMT协作行为	在这个团队中有丰富有益的合作。	0.953	7.240	0.880	0.711
	向组内任何成员咨询意见都很容易。	0.786	5.834		
	这家公司的管理团队运作得像一个真正的团队。	0.779	5.340		

效度测量包括内容效度和结构效度。本实验使用CEO的变量量表在MBA学生中进行了预实验，结果表明内容效度良好。结构效度包含收敛效度和判别效度，通过抽取平均方差（AVE）值来评价收敛效度，AVE越高，收敛效度越好，通常应该高于0.5（Hair et al，1998）。表1显示，所有潜变量的AVE都在0.65到0.79之间，表明该模型收敛效度较好。并且AVE的平方根均大于变量间的相关系数，表明模型具有良好的判别效度。

（二）假设检验

表3列举了各变量的平均值，标准偏差和相关系数。使用中等回归分析进行假设检验，首先分析主效应，之后分析交互效应（Hassell，1978）。

表 3　均值，标准偏差和相关性

	Mean	s.d.	CSE	MO	IP	TC	AGE	EDU	FS	TM
CEO 核心自我评价（CSE）	3.46	0.64								
市场导向（MO）	3.82	0.73	0.417							
创新绩效（IP）	2.91	0.75	0.546	0.405						
TMT 协作行为（TC）	3.51	1.62	0.004	0.267	0.123					
年龄（AGE）	2.96	0.60	0.808	0.171	0.338	−0.263				
教育（EDU）	3.22	0.55	−0.033	−0.021	0.346	0.091	0.164			
公司规模（FS）	2.00	1.16	−0.013	−0.081	−0.239	−0.047	−0.162	−0.174		
任期（TT）	6.20	4.93	−0.006	0.041	0.135	0.123	0.245	−0.048	−0.239	
TMT 团队数量（TM）	6.26	1.83	0.073	0.265	−0.112	0.108	0.048	−0.364	−0.072	0.076

如表 4 所示，变量中，只有年龄（ß = 0.233，p <0.001）能正面影响市场导向，年龄（ß = 0.239，p <0.001）、教育（ß = 0.274，p <0.001）和任期时间（ß = 0.110，p <0.001）都能对创新绩效产生正面影响。TMT 成员的数量对创新绩效有负面影响（ß = −0.186，p <0.001）。

表 4　路径系数和 T 值

变量	市场导向		创新绩效	
	路径系数	T 值	路径系数	T 值
CEO 核心自我评价（CSE）	0.395***	6.253	0.546***	10.369
市场导向（MO）	–	–	0.093*	2.136
TMT 协作行为（TC）	0.346***	3.763	0.107	1.505
CSE*TC	0.176*	1.972	0.272**	3.292
MO*TC	–	–	0.115*	2.086
年龄（AGE）	0.233***	3.516	0.239***	4.124
教育（EDU）	0.057	1.208	0.274***	4.916
公司规模（FS）	0.080	1.061	−0.059	1.045
任期（TT）	−0.066	1.543	0.110**	2.969
TMT 团队数量（TM）	0.114	1.901	−0.186***	3.788
R Square	0.324		0.680	
R Square Adjusted	0.293		0.661	
*p<.05，**p<.01，***p<.001				

CEO 核心自我评价和市场导向之间正相关（ß = 0.395，p<0.001），假设 1 成立；CEO 的核心自我评价和创新绩效正相关（ß = 0.546，p<0.001），假设 2 成立；市场导向

和创新绩效之间正相关（ß = 0.093，p<0.05），假设3成立。为进一步测试市场导向的中介效应，我们发现CEO核心自我评价的标准系数从0.684变为0.546，证明市场导向可以起到部分中介效应。通过统计计算我们还发现TMT协作行为能够同时对CEO核心自我评价与市场导向的关系起调节作用（ß= 0.176，p <0.05），对CEO核心自我评价与创新绩效的关系起调节作用（ß= 0.272，p <0.01），也对市场导向与创新绩效的关系起调节作用（ß= 0.115，p <0.05），因此假设4、5、6成立。

五、结论与启示

本研究首次提出并验证了CEO核心自我评价对市场导向和创新绩效的影响模型，率先对核心自我评估这种个性化特征进行检验并将其与公司战略导向和创新绩效联系起来。研究结果发现，CEO的核心自我评价与公司的市场导向和创新绩效均呈正相关。核心自我评价较高的CEO能够有效建立以市场为导向的企业战略，有助于企业更加灵活化地面对外部市场压力，Matsuno和Mentzer指出，企业建立市场导向的原则是以顾客活动为关注点（Matsuno&Mentzer，2000），建立强有力的市场导向能够推动公司积极采纳顾客需求作为企业创新活动的源泉。也就是说，企业创新绩效的达成，既要通过内部CEO的推动力作用，同时也不能忽略外部市场的信息反馈和导向。

本研究也验证了高层管理团队（TMT）协作行为在CEO核心自我评价与市场导向和创新绩效的影响中的调节作用。经过验证，当TMT表现得像一个真正的团队一样协作性强时，CEO核心自我评价将在塑造企业的市场导向和创新绩效方面发挥更大的作用。在实践中，高层管理团队（TMT）行为的配合与否很大程度上会限制CEO理念的贯彻执行甚至于领导力的发挥，进而影响企业的整体运营状况，如若领导团队不能表现出极高的配合行为，则极易影响企业战略和绩效成果。

通过强调CEO的核心自我评价的重要性，我们的研究扩大了CEO核心自我评价的影响，并推进了现有理论成果。首先，我们的研究理论上阐述了CEO核心自我评价与市场导向之间的关系。这一结果证明，CEO个性对公司战略制定和变化有直接影响（Herrmann&Nadkarni，2014）。第二，我们发现CEO的核心自我评价能够影响公司最重要的绩效之一——创新绩效。这一结论有效验证了CEO的个性对创新的影响（Yadv et al，2007），也是对现有研究成果的延伸性讨论。第三，TMT协作行为对CEO核心自我评价与市场导向和创新绩效的影响起调节作用，当TMT表现出高协作时，影响效果更加显著。这一结论能够为高层管理团队的参与影响市场导向→创新→绩效的理论框架[26]提供支撑。

本研究还存在一定局限性。首先，研究结论的普适性有待验证。本研究出于数据可信性与可获得性的考虑，选取沈阳地区企业 CEO 进行问卷调查，研究样本具有局限性，且并未对这一样本的独特性进行考察，研究结论是否能够在其他地区样本内成立有待进一步验证。第二，被试企业类别没有进行区分。研究过程中为保证被试数量，没有对企业进行筛选。然企业类型非常庞杂，既有以市场为主的制造销售型企业，也有纯粹的研发型企业，数据样本混杂有可能对结论造成影响。因此不同类别的企业是否都适用本文结论也是未来的研究方向。第三，对 TMT 协作行为的相关影响缺乏深入讨论。在本研究中，只验证了一个 TMT 行为即 TMT 协作行为，未来研究可以考虑更多其他的 TMT 行为对模型的影响，如信息共享或联合决策等，另外研究只关注了 TMT 协作行为产生的结果，并未对其影响机理进行深入探究，未来可以展开广泛研究框架，进行深入讨论。

参考文献

[1] Sorescu A. B., Spanjol J. Innovation’ s Effect on Firm Value and Risk: Insights from Consumer Packaged Goods. Journal of Marketing, 2008, 72 (2): 114–132.

[2] Yadv M. S., Prabhu J. C., Chandy R. K. Managing the Future: CEO Attention and Innovation Outcomes. Journal of Marketing, 2007, 71 (4): 84–101.

[3] Miller D. The Correlates of Entrepreneurship in Three Types of Firms. Management Science1983, 29 (7): 770–792.

[4] Chatterjee A., Hambrick D. C. It's All about Me: Narcissistic Chief Executive Officers and Their Effects on Company Strategy and Performance. Strategic Direction, 2008, 52 (8): 351–386.

[5] Simsek Z., Heavey C., Veiga J. F. The Impact of CEO Core Self–Evaluation on the Firm’ s Entrepreneurial Orientation. Strategic Management Journal, 2010, 31 (31): 110–119.

[6] Judge T. A., Locke E. A., Durham C. C. The Dispositional Causes of Job Satisfaction: A Core Evaluations Approach. Research in Organizational Behavior, 1997, 19 (1): 151–188.

[7] Hiller N. J., Hambrick D. C. Conceptualizing Executive Hubris: The Role of (Hyper -) Core Self - Evaluations in Strategic Decisionmaking. Strategic Management Journal, 2005, 26 (4): 297–319.

[8] Haleblian J., Markoczy L., Mcnamara G. The Effect of Anxiety and Confidence on Risky Decision Making in Competitive and Non–Competitive Decision Settings.University of California ~ Riverside, Working Paper, 2004.

[9] Judge T. A., Bono J. E. Relationship of Core Self–Evaluations Traits—Self–Esteem, Generalized Self–Efficacy, Locus of Control, and Emotional Stability—with Job Satisfaction and Job Performance: A Meta–Analysis. Journal of Applied Psychology, 2001, 86 (1): 80–92.

[10] Judge T. A., Erez. A., Bono. J. E., et al. The Core Self–Evaluations Scale: Development of a Measure. Personnel Psychology, 2003, 56 (2): 303 ~ 331.

[11] Rosenberg M. Society and the Adolescent Self–Imag. Princeton, NJ: Princeton University Press, 1965.

[12] Chen G., Gully S. M., Eden D. Validation of a New General Self–Efficacy Scale. Organizational Research Methods, 2001, 4 (1): 62–83.

[13] Eysenck H. J. A. Rebel with A Cause: The Autobiography of Hans Eysenck. Transaction Publishers, 1997.

[14] Rotter J. B. Locus of Control Scale. Academic Press, 1966.

[15] Erez A., Judge T. A. Relationship of Core Self-Evaluations to Goal Setting, Motivation, and Performance. Journal of Applied Psychology, 2001, 86 (6): 1270-1279.

[16] Zhou K. Z., Yim C. K., Tse D.K. The Effects of Strategic Orientations on Technology and Market-Based Breakthrough Innovations. Journal of Marketing, 2005, 69 (4): 42-60.

[17] Chiang Y. H., Hsu C. C., Hung K. P. Core Self-Evaluation and Workplace Creativity. Journal of Business Research, 2014, 67 (7): 1405-1413.

[18] Chng D. H. M., Rodgers M. S., Shih E., et al. When Does Incentive Compensation Motivate Managerial Behaviors? An Experimental Investigation of the Fit between Incentive Compensation, Executive Core Self-Evaluation, and Firm Performance. Strategic Management Journal, 2012, 33 (12): 1342-1632

[19] Chiang B., Kough D. B., Vazquez E. A., et al. Cavity Antennas for Electronic Devices. Washington, DC: U.S. Patent and Trademark Office, 2014

[20] Amabile T. M. The Social Psychology of Creativity. New York: Springer, 1983.

[21] Driesch T., Costa M. E. S., Flatten T. C., et al. How CEO Experience, Personality and Network Affect Firm' s Dynamic Capabilities. European Management Journal, 2015, 33 (4): 245-256.

[22] Narver J. C., Slater S. F. The Effect of a Market Orientation on Business Profitability. Journal of Marketing, 1990, 54 (4): 20-35.

[23] Grewal R., Tansuhaj P. Building Organizational Capabilities for Managing Economic Crisis: The Role of Market Orientation and Strategic Flexibility. Journal of Marketing, 2001, 65 (2): 67-80.

[24] Kohli A. K., Jaworski B. J. Market Orientation: The Constuct, Research Propositions and Managerial Implications. Journal of Marketing, 1990, 54 (2): 1-18.

[25] Matsuno K., Mentzer J. T. The Effects of Strategy Type on the Market Orientation-Performance Relationship. Journal of Marketing, 2000, 64 (4): 1-16.

[26] Rapp A., Schillewaert N., Hao A. W. The Influence of Market Orientation on E-Business Innovation and Performance: The Role of the Top Management Team. Journal of Marketing Theory and Practice, 2008, 16(1): 7-25.

[27] Jaworski B. J., Kohli A. K. Market Orientation: Antecedents and Consequences. Journal of Marketing, 1993, 57(3): 53-71.

[28] Zhang H., Ko E., Lee E. Moderating Effects of Nationality and Product Category on the Relationship between Innovation and Customer Equity in Korea and China. Journal of Product Innovation Management, 2013, 30 (1): 110-122.

[29] Finkelstein S., Hambrick D. C. Strategic Leadership: Top Executives and Their Effects on Organizations, West Publishing Company, 1996.

[30] Simsek Z., Veiga J. F., Lubatkin M. H., et al. Modeling the Multilevel Determinants of Top Management Team Behavioral Integration. Academy of Management Journal, 2005, 48 (1): 69-84.

[31] Boone C., Hedriks W. Top Management Team Diversity and Firm Performance: Moderators of Functional-Background and Locus-of-Control Diversity. Management Science, 2009, 55 (2): 165-180.

[32] Yukl G. A. Leadership in Organizations. Transactional Analysis Journal, 2002, 16 (2): 85-94.

[33] Zaccaro S. J., Gilbert J. A., Thor K. K., et al. Leadership and Social Intelligence: Linking Social Perspectiveness and Behavioral Flexibility to Leader Effectiveness. Leadership Quarterly, 1991, 2 (4): 317-342.

[34] Anderson R. A., Daniel M. RN Participation in Organizational Decision Making and Improvements in Resident Outcomes. Health Care Management Review, 1999, 24 (1): 7-16.

[35] Pearson C. A. L., Duffy C. The Importance of Job Content and Social Information on Organizational Commitment and Job Satisfaction: A Study in Australian and Malaysian Nursing Contexts. Asia Pacific Journal of Human Resources,

1999, 36（3）: 17-30.

[36] Narver J. C., Slater S. F. The Effect of a Market Orientation on Business Profitability. Journal of Marketing, 1990, 54（4）: 20-35.

[37] Zhou K. Z., Yim C. K., Tse. D. K. The Effects of Strategic Orientations on Technology and Market-Based Breakthrough Innovations. Journal of Marketing, 2005, 69（4）: 42-60.

[38] Danneels E., Kleinschmidt E. J. Product Innovativeness from the Firm' s Perspective: Its Dimensions and Their Relation with Project Selection and Performance. Journal of Product Innovation Management, 2001, 18（6）: 357-373.

[39] Zhang H., Garrett, Liang X. The Effects of Innovation-Oriented Mission Statements on Innovation Performance and Non-Financial Business Performance. Asian Journal of Technology Innovation, 2015, 23（2）: 157-171.

[40] Chandy R. K., Tellis G. J. The Incumbent' s Curse? Incumbency, Size, and Radical Product Innovation. Journal of Marketing, 2000, 64（3）: 1-17.

[41] Barker V. L., Mueller G. C. CEO Characteristics and Firm R&D Spending. Management Science, 2002, 48（6）: 782-801.

[42] Ling Y., Lubatkin M., Simsek Z., et al. Transformational Leadership' s Role in Promoting Corporate Entrepreneurship: Examining the CEO-TMT Interface. Academy of Management Journal, 2008, 51（3）: 557-576.

[43] Bagozzi R. P., Yi Y. On the Evaluation of Structural Equation Models. Journal of the Academy of Marketing Science, 1988, 16（1）: 74-94.

[44] Hair J. F., Black W. C., Babin B. J., et al. Multivariate Data Analysis, 6/E. Prentice Hall, 1998, 31（3）: 648-650.

[45] Hassell M. P., Southwood T. R. E. Foraging Strategies of Insects. Ecology, Evolution, and Systematics, 1978, 9(9): 75-98.

[46] Herrmann P., Nadkarni S. Managing Strategic Change: The Duality of CEO Personality. Strategic Management Journal, 2014, 35（9）: 1318-1342.

The Impact of CEO's Core Self-Evaluation on Firm's Innovation Performance

Zhang Hao Dong Zhiqi

Abstract: Although much has been attributed to chief executive officer (CEO) effects on innovation performance, one has not been well investigated is the effect of CEO core self-evaluation. We develop and test an integrative model that examines the relationship between CEO core self-evaluation and innovation. Consistent with the upper echelons and personality theory, we specify the contingent role of TMT collaborative behavior. Using the sample from 103 CEOs of state-owned companies in China, we find evidence that to suggest CEOs who have stronger CEO core self-evaluations have a stronger influence on market orientation and innovation performance. In addition, we find that the influence is stronger when the TMT shows high collaborative behavior.

Key words: CEO core Self-evaluation; executive team collaboration behavior; market-oriented; innovation performance

新产品开发中的顾客参与对产品创新性的影响研究

许慧敏 胡钟文 辛冲[①]

（东北大学工商管理学院，沈阳 110169）

摘要： 新产品开发中的顾客参与及其对产品创新性的积极影响已得到众多研究的认同，但关于其内在作用机制方面的研究还非常有限。本研究采用情景模拟实验法，探究新产品开发过程中，顾客参与、实现型快乐、顾客知识对产品创新性的影响。研究发现，顾客参与对产品创新性具有显著的正向影响，顾客参与程度越高，产品的美观创新性、功能创新性和情感创新性均越高；顾客知识在顾客参与程度对产品美观创新性、功能创新性的影响方面具有显著的正向调节作用，但在顾客参与程度对产品情感创新性影响方面的调节作用不显著；实现型快乐在顾客参与对产品创新性的影响中起着部分中介作用。

关键词： **顾客参与；实现型快乐；顾客知识；产品创新性**

一、引言

伴随着信息技术的发展和消费者主导观念的形成，越来越多的企业积极邀请顾客参与到新产品开发过程之中，使企业开发出更符合顾客需求的产品，缩短新产品开发的时间，降低开发成本，提高新产品开发的绩效，顾客参与新产品开发的实践已经被众多企业广泛接受。鉴于此，新产品开发中的顾客参与及其影响研究也被国内外学术界所广泛关注。产品新颖性和市场反应速度是测量新产品开发绩效的主要方面（Gruner&Homburg，2000），企业开发的新产品要取得良好的销售业绩，新产品必须得到顾客的喜爱，创新性是消费者衡量新产品的核心和关键点。已有的理论探索与实证研究都表明，顾客参与企业新产品开发活动会对新产品的创新性产生积极影

---

① **基金项目：** 教育部人文社科基金项目“协同创新网络的技术多样性对产品创新的作用机制研究”（16YJA630060）。

作者简介： 许慧敏，东北大学工商管理学院副教授；胡钟文，东北大学工商管理学院硕士研究生；辛冲，东北大学工商管理学院副教授。

响（Christopher&David，1997；Gerwin，2004；Im et al，2004；Fang，2008；姚山季，2011）。但已有研究多关注顾客参与和产品创新性间的直接关系，有关顾客参与影响产品创新性的内在作用机制方面的研究还非常有限，仍然存在一些研究问题值得进一步探索。鉴于此，本文立足于新产品开发过程的顾客参与行为，探究顾客参与、实现型快乐、顾客知识对产品创新性的影响。并采用情景模拟实验法获取数据，对相关假设进行实证验证，分析并理解新产品开发中顾客参与对产品创新性的作用机理，在丰富和发展现有顾客参与相关领域研究的同时，为企业更好地管理顾客参与活动，优化顾客参与的效果，提高企业新产品开发绩效提供有价值的启示和参考。

二、研究假设与理论模型

（一）顾客参与和产品创新性

国内外学者从多种视角提出了顾客参与的概念，着眼于新产品开发过程中的顾客参与行为，参考 Spipakit 和 Fisk（1985）对顾客参与的定义，在本文研究中，将新产品开发中的顾客参与定义为顾客对新产品开发过程的涉入，包括智力、体力等身体上的投入与情绪、自我价值等心理感知上的涉入。国内外学者多从新颖性和有用性方面定义产品创新性（Sethi et al，2001；Moon，2013），参考 Moon（2013）等的观点，本文研究中认为产品创新性是指新的或某种改进、完善的产品所具有的新特性，并将产品创新性划分为美观创新性、功能创新性和情感创新性三个维度。其中，美观创新性指产品在本身美感和视觉舒适方面的新特性，功能创新性指产品满足顾客需求的属性和可提供服务方面的新特性，情感性指顾客购买、浏览或体验一些产品时感受的新特性。

Snyder 和 Fromkin 的独特性理论认为，顾客具有将自己与外部世界区分开来的潜在需求（独特性需求），并往往依靠选择独特性产品来满足自身的独特性需求。通过参与新产品开发过程来获得满足自身独特性需求的产品和服务，是顾客参与产品创新过程的重要动机。Luthje（2004））的研究也表明，有独特性需求是那些积极参与产品创新的顾客的共同特征。顾客参与新产品开发是顾客表达需求的一种载体。Fang（2008）认为顾客在参与新产品开发的过程中会扮演两类角色：信息提供者和共同参与者。不论是作为信息提供者还是共同参与者，顾客参与产品创新的过程都将显著提升新产品的创新性。首先，顾客参与新产品开发过程中，顾客希望得到的产品外观、具备的功能和所传达的情感通过顾客参与平台得以表达，通过顾客与企业员工间的不断互动，企业可以获取与新产品相关的顾客知识，了解顾客的隐性需求，减少探索顾客需求的活动，更快、更早、更准确地发现未满足的需要、今后需求潮流的变化趋势、新的细分市场甚至是新的原型产品（Matthing et al，2004），这显然有助于提升新产品的创新性。尤其当顾客将黏性信息提供给企业时，更容易产生富有创造力的创新成果。同时，当顾客成为企业共同的开发者时，新产品开发活动就会变成一个企业与顾客相互协调并共同解决合作中所遇到问题的过程，这将提升新产品创新程度（Gerwin，2004）。顾客将自身的需求融入产品创新中，为了满足其对独特性的需求，会不断地进行创造，通过对产品属性的不同组合、调整和设计形成适应独特性需求的产品创意，企业产品的创新性将随着顾客为满足自身独特性所带来产品独特性的增强而有所提高。Fulle（2006）的案例研究也表明，顾客在网络虚拟社区中提供的问题解决方案在新颖程度和技术可行性等方面均有较大价值，部分顾客的思路和建议对企业研发和销售部门来说甚至是全新的。

顾客参与的程度不同，产品创新性的结果表现也将不同。卢俊义（2009）等认为，顾客参与创新频率和参与创新顾客数量在一定程度上决定着新服务的创新特性。顾客在新产品开发过程中投入的智力、体力、情感越多，企业与顾客间的互动就越深，参与顾客的独特性需求及设计思路的多样性，会使产品设计更具新奇性和独特性，从而使产品创新性越强。顾客在新产品开发过程情绪、自我价值等心理感知上的涉入越深，顾客的控制感将随之增加（张辉等，2012），这将极大地增强顾客的创造性，依据自身的独特性需要更加灵活地进行产品设计，从而会使产品创新性越强。

综上，形成如下假设：

H1：顾客参与对产品创新性存在显著的正向影响，顾客参与程度越高，产品创新性就越高。

H1a：相对于低顾客参与，高顾客参与时的产品美观创新性更高。

H1b：相对于低顾客参与，高顾客参与时的产品功能创新性更高。

H1c：相对于低顾客参与，高顾客参与时的产品情感创新性更高。

（二）顾客参与、顾客知识对产品创新性的影响

在消费者行为领域中，顾客知识是指顾客所拥有的知识。Park 等（1994）从客观和主观两方面去界定顾客知识，认为顾客知识是顾客的主观知识和客观知识的结合，客观知识是指关于产品分类的存储信息，主观知识是指与产品相关的经验。Schreier 和 Prugl（2008）认为顾客知识包括使用经验和产品相关知识两个维度。使用经验是顾客在消费后累积的经历；产品相关的知识包括顾客对产品结构、产品使用材料以及产品技术的了解。参考上述学者的观点，本文认为顾客知识是顾客累积的经历和储存在记

忆里的关于产品的各种知识信息。

Kim（2010）认为顾客所具有的知识是顾客参与共同创造的重要前提。顾客知识不同于企业员工的知识，跨越了企业已有的知识结构和认知体系（Kristensson，2004）。顾客往往与产品研发人员具有不同的独特视角，因而会拥有更多的新想法、新理念和新构思。而且，顾客由于不会受到企业内部技术理念、成本因素等的限制，其产生的想法、秉持的理念和突发的构思往往更加拥有丰富的想象力和创造力。顾客利用自身所具有的专业知识、对产品消费的经验参与新产品开发活动，产品创新活动和顾客知识得以有效配合和连接，可以充分地凝聚顾客知识，来提高企业新产品的创新性。企业通过顾客参与行为，与顾客相互补充、交换创新知识，所获得的构思和想法将更具创意和价值（Kristensson，2004）。汪涛（2010）等学者认为顾客知识与创新表现不仅仅是呈单向的线性关系，也可以是作为一种调节关系。由于经历、思维、职业等的诸多不同，顾客的知识储备存在较大的差异性，这种知识储备的差异性使顾客在参与过程中的创新表现存在差异，从而对产品创新性的影响也存在差异。基于此，提出如下假设：

H2：顾客知识在顾客参与对产品创新性的影响中起到正向调节作用

H2a：顾客知识在顾客参与对产品美观创新性的影响中起到正向调节作用

H2b：顾客知识在顾客参与对产品功能创新性的影响中起到正向调节作用

H2c：顾客知识在顾客参与对产品情感创新性的影响中起到调节作用

（三）实现型快乐的中介作用

Waterman（1993）认为实现型快乐是一种情绪感知，是全身心投入到任务中发挥自己潜能后的快乐感。张陆和佐斌（2007）认为实现型快乐是人的自我潜能完美实现后，发自内心的欣慰。参考上述学者的观点，本文将实现型快乐定义为顾客参与新产品开发活动，潜能得以充分发挥，自我价值得到重视，感觉到自我实现、自我成就的一种积极的情绪感知。

顾客参与新产品开发活动，不仅可以获得个性化的产品或服务，而且可获得独特的过程体验。Rodie 和 Kleine（2000）认为顾客参与会带来心理层面的体验，包括获得享乐体验、控制感和自我实现感等。顾客参与新产品开发活动，通过提出自己的建设性意见或共同设计新产品方案，表达自我、彰显独特个性，自身的才华和潜能得以充分发挥，这将激发他们对自我意识的挑战，从而使顾客从挑战中获得控制感和自我实现感，获得实现自我的愉悦、快乐和幸福感，即顾客积极参与新产品开发活动将促使其产生实现型快乐。从心理机制上讲，情绪具有信号功能，积极情绪发出的信号意义是“满意的”“安全的”和“放松的”，会促使个体运用启发式的加工方式，探究新颖的方法和备选方案。许多学者的研究都证实了积极情绪对创新、创造力的正面促进作用，ISEN（1987）认为个体在积极情绪中比在中性情绪中的创新表现更突出；Ashby等（1999）提出积极情绪可以增强认知的灵活性，促进创新性；胡卫平等（2010）认为积极情绪导致了更大的变异，会提高创造的可能性；艾树（2011）的研究证实了情绪对创造力存在的正向影响。顾客由于积极参与新产品开发活动所获得的实现型快乐是一种积极情绪的范畴。顾客在参与活动中，由于顾客的实现型快乐这种积极情绪的产生，会极大地激发顾客的创造力，使其提出更有创造力的想法，从而使创新的结果——新产品更具创新性。

基于此，提出实现型快乐是顾客参与影响产品创新过程中的一种路径的假设。

H3：实现型快乐在顾客参与对产品创新性的影响关系中存在中介作用

综上所述，根据对顾客参与、实现型快乐、顾客知识与产品创新性之间关系的推理和假设，本文构建了以顾客参与为自变量、产品创新性为因变量、实现型快乐为中介变量、顾客知识为调节变量的研究框架模型，具体见图 1。

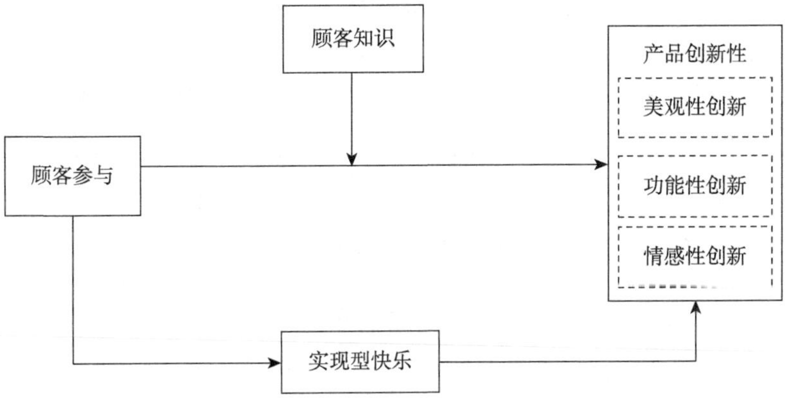

图 1　研究框架模型

三、研究设计

（一）实验设计

本研究运用情景模拟实验法对研究所提出的假设进行检验，选取企业手机微官网界面设计为实验场景，通过为实验对象提供一款在线手机网页界面设计软件，使其利用该软件提供的选项对网页的各个方面（如背景、结构、外形、功能等）进行选择和搭配，最终设计出一个完整的页面。

以在校大学生样本作为实验对象，通过网络招募和校园随机拦截，邀请被试者自愿参与实验。选择大学生作为实验对象主要是由于以下原因：大学生的背景、经历相似，年龄相仿，所受教育水平相当，能够排除职业、收入、学历等因素的干扰，具有较高的内部信度；大学生作为手机网页载体的核心用户，对手机网页具有丰富的浏览经验和使用经验，是手机互动平台开发企业的主要目标客群；采用大学生样本能够更方便地进行实验的操控和安排。在具体实验情景出现之前，先进行了情景信息导入，利用网站新闻的形式，介绍了需要手机微官网界面设计企业的基本情况，并配有企业宣传视频，以增加情景的可信性。同时为了鼓励被试本着认真、真实的状态积极参与实验，所有参与者被告知在完成本次实验后都可领取一份小礼物。

本研究采用2（高顾客参与、低顾客参与）×2（高顾客知识、低顾客知识）的完全随机实验设计。首先，所有被试需填写调查问卷的第一部分，即顾客知识部分。然后，将被试随机划分为高顾客参与和低顾客参与两组，尽可能地排除其他干扰因素（如个性、动机、环境等）对本实验的结果可能造成的影响。参与程度不同的两个组被分发了不同的任务卡，均邀请被试为一家地产企业设计手机微官网界面，但对高参与组开放网页设计软件的全部选项，包含“微官网”“微活动”“微服务”和“素材库”四个设计选项，对低参与组只开放网页设计软件的“微官网”设计选项。所有的被试都需要通过网络来登录账号进入到对应的网页设计界面，在完成对网页的设计后填写调查问卷的第二部分实现型快乐的量表和第三部分个人基本信息。最终共收回有效的设计稿81份，回收率为79.4%，各实验组被试统计情况如表1所示。

表1 实验组被试分布情况

	高顾客知识	低顾客知识	总计
高顾客参与组	18	19	37
低顾客参与组	21	23	44
总计	39	42	81

最后，试验中被试设计出来的网页由三名企业负责“微官网”平台开发工作人员进行打分评价网页设计的创新性，同时招募在校的10名本科生从美观性、功能性和情感性方面对网页设计的创新性打分评价，最终将以二者所得分数均值的均值，设计人员和学生的均值分数权重各为50%。

（二）变量测量

本研究问卷均采用李克特量表，并使用五点尺度法对所有题项进行测量。测量量表均参考已有研究中的成熟量表，并结合本研究的实验背景和实验对象对问项描述进行了调整。

实验中需要对被试进行测量的变量有：顾客参与、顾客知识和实现型快乐三个变量，均为单维变量。顾客参与的量表源于 Cermak（1994）和范秀成等（2004）的研究结果，共 5 个题项；实现型快乐的量表参考了 Waterman 等（2008）和郑秋莹（2011）的研究成果，共 6 个题项；顾客知识量表采用 Laroche 等（2003）和王莉（2011）的研究成果，共 4 个题项。为保证问卷的科学性，进行了预调研，根据预调研的反馈和问卷的信效度检验，再次调整细化其语义、内容以及编排，最终确定了正式实验时使用的量表。

本研究对产品创新性采用专家打分的方式进行测量，其打分量表参考 Ravasi 和 Lojacono（2005）、Roy 和 Riedel（1997）、Seva 和 Helander（2009）等学者的研究成果，针对本实验的具体语境和实验背景对打分表进行了调整。产品创新性包括三个维度：美观创新性、功能创新性、情感创新性，分别包括 3 个题项、2 个题项、3 个题项。

本研究中顾客参与、顾客知识、实现型快乐和产品创新性量表的各个变量的 Cronbach' α 值均大于 0.81，说明各量表具有较高的内部一致性。各量表的 KMO 值均大于 0.73，同时均通过了 Bartlett's 球形检验（P 值均为 0.000，$P<0.05$），变量的累计方差解释百分比都超过 73%，说明各量表适合进行因子分析；因子分析的结果显示，各标准化因子载荷系数均大于 0.7，AVE 值均大于 0.5，说明各量表具有良好的收敛效度。

四、数据分析

（一）实验控制检验

1. 参与程度分组差异性检验

对高顾客参与组和低顾客参与组的顾客参与数据进行方差分析，结果如表 2 所示。

表 2　参与程度分组差异性检验

		平方和	df	均方	F	显著性
顾客参与程度	组间	46.957	1	56.957	239.235	.000
	组内	15.506	79	.196		
	总计	62.463	80			

通过F检验可以看到高顾客参与组和低顾客参与组的顾客参与均值有显著性差异（$P<0.01$），说明采用两个不同开放水平的手机网页界面设计软件作为实验刺激物，来控制区别参与程度是有效的，可以明显区别高顾客参与和低顾客参与程度。

2. 组内顾客知识差异性检验

分别对高顾客参与组和低顾客参与组中的顾客知识数据进行方差分析，其结果如表3和表4所示。通过F检验可以得出，高顾客知识的被试在高顾客参与组和低顾客参与组中的知识水平均值没有显著性差异（$P>0.05$）；低顾客知识的被试在高顾客参与组和低顾客参与组中的知识水平均值也没有显著性差异（$P>0.05$）。显然，特定顾客参与程度组内，同一顾客知识层次的顾客间的知识水平没有明显差异，不会对实验结果产生干扰影响。

表3　高顾客知识水平的分组差异性检验

		平方和	df	均方	F	显著性
	组间	.309	1	.309		
顾客知识水平	组内	4.506	37	.123	2.508	.122
	总计	4.869	38			

表4　低顾客知识水平的分组差异性检验

		平方和	df	均方	F	显著性
	组间	.461	1	.561		
顾客知识水平	组内	8.772	40	.219	2.560	.118
	总计	9.333	41			

（二）假设检验

1. 顾客参与和产品创新性

本文利用试验数据，采用单因素方差分析方法，对顾客参与对产品创新性的影响关系进行分析，结果发现，顾客参与对产品美观创新性、产品功能创新性、产品情感创新性的影响均显著。而且，顾客参与程度越高，产品的美观创新性（$M_{高}=2.748$，$M_{低}=1.591$）、功能创新性（$M_{高}=3.081$，$M_{低}=2.171$）、情感创新性越高（$M_{高}=3.649$，$M_{低}=3.341$）。因此，假设H1a、H1b、H1c都得到了验证，假设H1成立。

2. 顾客知识的调节作用

本文利用试验数据，采用多因素方差分析方法，对顾客参与、顾客知识与产品创新性的关系进行分析。从表 5 中可以看到，顾客知识和顾客参与在产品美观创新性、产品功能创新性方面产生了显著的交互作用（$F=42.721$，$P<0.001$；$F=10.938$，$P<0.01$），但顾客知识和顾客参与在产品情感创新性方面则没有表现出显著的交互作用（$F=0.008$，$P=0.924$）。即在顾客参与对产品美观创新性和产品功能创新性的影响中，顾客知识的调节作用存在。

表 5 顾客知识和顾客参与程度对产品创新性的影响（ANOVA）

	变量	F	Sig.
产品美观创新性	顾客知识	2.753	.011
	顾客参与程度	88.489	.000
	顾客知识 × 顾客参与程度	42.721	.000
产品功创新能性	顾客知识	0.010	.020
	顾客参与程度	41.383	.000
	顾客知识 × 顾客参与程度	10.938	.001
产品情感创新性	顾客知识	.241	.035
	顾客参与程度	4.164	.045
	顾客知识 × 顾客参与程度	.008	.924

为了进一步检验以上结果，我们对四组的产品美观创新性、产品功能创新性及产品情感创新性进行比较，具体见表 6。

表 6 顾客知识和顾客参与程度对产品创新性的影响（Mean）

		高顾客参与	低顾客参与
产品美观性创新	高顾客知识	3.278	1.684
	低顾客知识	2.246	1.270
产品功能性创新	高顾客知识	3.333	2.191
	低顾客知识	2.742	1.929
产品情感性创新	高顾客知识	3.611	3.377
	低顾客知识	3.684	3.302

表 6 中可以看出，在高顾客参与情境下，高顾客知识的产品美观创新性（$M=3.278$）高于低顾客知识的产品美观创新性（$M=2.246$）（$F=18.666$，$P<0.001$）；在低顾客参与情境下，高顾客知识的产品美观创新性（$M=1.684$）也高于低顾客知识的

产品美观创新性（M=1.270）（F=28.747，P<0.001），所以假设H2a得到了支持。在高顾客参与情境下，高顾客知识的产品功能创新性（M=3.333）高于低顾客知识产品功能创新性（M=2.742）（F=4.331，P<0.05），在低顾客参与情境下，高顾客知识的产品功能创新性（M=2.191也高于低顾客知识的产品功能创新性（M=1.929）（F=6.991，P<0.05），所以假设H2b得到了支持。然而，顾客知识和顾客参与程度在产品情感创新性上则没有表现出显著的交互作用（F=0.008，P=0.924），所以假设H2c没有得到支持。基于此，本研究中所提出的假设H2部分成立。

为了更清楚地观察顾客知识和顾客参与程度在产品美观性创新、产品功能性创新和产品情感性创新上的交互模式，绘制了多因素方差分析的轮廓图，从图2和图3中可以清楚地看出，在顾客参与程度高时，被试所参与设计的产品更加具有美观创新性和功能创新性，但顾客参与对产品美观创新性和功能创新性的影响，因被试的顾客知识水平的不同而存在差异。

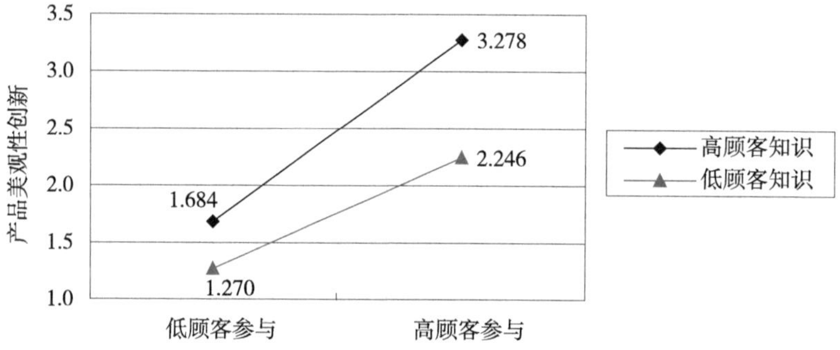

图2 多因素方差分析图（美观创新性）

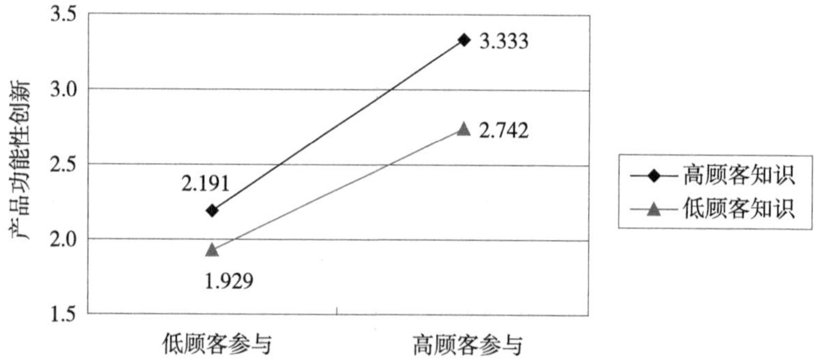

图3 多因素方差分析图（功能创新性）

3. 实现型快乐的中介效应

按照Zhao等（2010）提出的中介分析程序，分别进行顾客参与对产品创新性的回归分析、顾客参与对实现型快乐的回归分析、实现型快乐对产品创新性的回归分析以及顾客参与和实现型快乐同时对产品创新性的回归分析。具体结果如表 7 所示。

从表 7 中可以发现，顾客参与对产品创新性的影响显著（β=0.498，P<0.001），顾客参与对实现型快乐的影响显著（β=0.939，P<0.001），实现型快乐对产品创新性的影响显著（β=0.459，P<0.001）；在加入实现型快乐为自变量与顾客参与同时对产品创新性进行回归分析时，顾客参与对产品创新性仍有显著影响（β=0.308，P<0.01），实现型快乐对产品创新性也仍有显著影响（β=0.203，P<0.05），但顾客参与对产品创新性的影响系数明显降低，由 0.498 变为 0.308，说明实现型快乐在顾客参与对产品创新性影响中起到中介作用，且为部分中介效应，假设 H3 得到验证。

表 7 中介效应检验结果

回归分析模型	非标准化系数		标准系数	T	Sig.
	β	标准误差			
顾客参与对产品创新性	.498	.044	.789	11.405	.000
顾客参与对实现型快乐	.939	.056	.884	16.768	.000
实现型快乐对产品创新性	.459	.043	.772	10.790	.000
顾客参与和实现型快乐同时对产品创新性	.308	.091	.487	3.393	.001
	.203	.085	.342	2.381	.020

五、结论与管理启示

本研究采用情景模拟实验法，探究新产品开发过程中，顾客参与对产品创新性的影响。深入探讨了在不同顾客参与程度下，顾客知识水平对产品创新性不同方面的影响差异，并引入实现型快乐作为顾客参与对产品创新性影响过程中的中介变量，细化了顾客参与活动对产品创新性影响的过程路径。研究中主要得到以下结论：

（1）顾客参与对产品创新性具有显著的正向影响关系，顾客参与程度越高，产品的美观创新性、功能创新性和情感创新性均越高；其中，与美观创新性、功能创新性相比，新产品开发中的顾客参与对情感创新性的正向影响作用更大。这主要是由于相对于传统的新产品开发模式，顾客参与新产品开发活动，不仅为企业提供了顾客有关产品外观、功能方面的需求信息，而且通过顾客参与平台可以将需要传达的情感需求信息得以更好地表达，通过顾客与企业员工间的不断互动，使企业更准确地发现未满足的顾客隐性情感需求；同时，顾客参与共同开发，更易于顾客将自身的情感需求融入产品创新中，从而形成更适应独特性情感需求的产品创意。所以，顾客参与对产品情感创新性的影响更显著。

（2）顾客知识和顾客参与在产品的美观创新性和功能创新性上具有显著的交互效应，即顾客知识在顾客参与对产品美观创新性和产品功能创新性的影响关系上起到了调节作用，但是对产品情感创新性上的调节作用不显著。这可能是由于在实际的情境任务中顾客知识对于个体来说是一个理性的特征运用，而顾客在设计产品时希望使产品更有情感创新表现是一个感性的特征运用，虽然顾客知识包括主观知识和客观知识，但是对于产品的情感创新性表现来说更多地取决于个体自身的感性层面知识，因而导致顾客知识和顾客参与程度在产品创新情感表现上交互效应不显著。

（3）实现型快乐在顾客参与对产品创新性的影响中具有显著的部分中介效应。顾客积极地参与新产品开发活动，在新产品开发过程中投入智力、体力和情感，可以直接提高新产品的创新性；也可以通过使顾客产生高水平的实现型快乐，激发顾客的创造力，从而使创新的结果——新产品更具创新性。

基于以上结论，企业应充分重视顾客参与对企业新产品创新绩效的重要促进作用。首先，在可实施范围内应尽量提高新产品开发中的顾客参与程度，为顾客参与新产品开发活动提供广阔的发挥空间和创造余地，提高参与的自由性和灵活性，使顾客深入全面地参与到企业新产品开发活动中；其次，由于不同知识水平的顾客参与新产品开发时对产品创新性的贡献具有差异性，因此，企业应该根据自身的研发目标以及能为顾客开放的参与程度，依据顾客知识的不同，有针对性地选择合适的顾客参与到新产品开发中，并对参与顾客进行培训和管理，来保障顾客参与活动的效果；最后，由于顾客参与的目的不仅仅是为了获得满意的产品，同时也为了在参与中获得一种快乐感，实现型快乐是顾客参与的结果，同时也是顾客为企业提供更多创新贡献的前置要素，因此企业应通过对参与环境的操控、调整顾客参与的内容以及提高参与活动的趣味性等方式，充分激发和调动参与顾客的情感体验，使参与新产品开发活动的顾客，能够通过参与过程感受到更多的愉悦感、快乐感等积极情绪，从而使顾客参与开发的新产品更具创新性，以提高企业新产品开发的创新绩效。

参考文献

[1] 艾树、汤超颖．情绪对创造力影响的研究综述．《管理学报》，2011，18（8）：156-162.

[2] 范秀成、张彤宇．顾客参与对服务企业绩效的影响．《当代财经》，2004，（8）：69-73.

[3] 胡卫平、王兴起．情绪对创造性科学问题提出能力的影响．《心理科学》，2010，33（3）：608-611.

[4] 卢俊义、王永贵、黄永春．顾客参与服务创新与顾客知识转移的关系研究——基于社会资本视角的理论综述和模型构建．《财贸经济》，2009，（12）：128-133.

[5] 姚山季、王永贵、来尧静．顾客参与新产品开发及其结果影响的综述．《科技管理研究》，2011，31（7）：

221-224.
[6] 姚山季、王永贵.顾客参与新产品开发对企业技术创新绩效的影响机制——基于B-B情境下的实证研究.《科学学与科学技术管理》，2011，32（5）：34-41.
[7] 张辉、汪涛、刘洪深.顾客参与了为何仍不满意——顾客参与过程中控制错觉与顾客满意的关系研究.《南开管理评论》，2012，14（5）：153-160.
[8] 汪涛、何昊、诸凡.新产品开发中的消费者创意——产品创新任务和消费者知识对消费者产品创意的影响.《管理世界》，2010，（2）：80-92.
[9] 王莉、方澜、罗瑾琏.顾客知识、创造力和创新行为的关系研究——基于产品创新过程的实证分析.《科学学研究》，2011（5）：777-784.
[10] 张陆、佐斌.自我实现的幸福——心理幸福感研究.《心理科学进展》，2007，（1）：134-139.
[11] 郑秋莹.消费领域的实现性快乐——理论、模型及实证检验[D].天津：南开大学，2011.
[12] Fang E. Customer participation and the trade-off between new product innovativeness and speed to market, Journal of Marketing, 2008, 72（4）: 90-104.
[13] Ashby F G, Isen A M, Turken. A new psychological theory of positive affect and its inf-luence on cognition, Psychological review, 1999, 106（3）: 529-550.
[14] Fuller J, Bartl M, Ernst H, Muhlbacher H. Community based innovation: How to integrate members of virtual communities into new product development, Electronic Commerce Research, 2006, 6（1）: 57-73
[15] Germak D S P, File K M, Prince R A. Customer participation in service specification and delivery, Journal of Applied Business Research, 1994, 10（2）: 90-97.
[16] Gerwin D.Coordinating new product development in strategic alliances, Academy of Management Review, 2004, 29（2）: 241-257.
[17] Gruner K E, Homburg C.Does customer interaction enhance new product success, Journal of Business Research, 2000, 49（1）: 1-14.
[18] ISEN A M. Positive affect facilitates creative problem solving, Journal of Personality and Social Psychology, 1987, 52（6）: 1122-1131
[19] Kim N, Im S, Slater S F. Impact of knowledge type and strategic orientation on new pro-duct creativity and advantage in high technology firms, Journal of Product Innovation Manage-ment, 2013, 30（1）: 136-153.
[20] Kristensson P, Gustafsson A, Archer T. Harnessing the creative potential among users, Journal of Product Innovation Management, 2004, 21（1）: 4-14.
[21] Moon H, Miller D R, Kim S H. Product design innovation and customer Value: Cross-Cultural Research in the United States and Korea, Journal of Product Innovation Management, 2013, 30（1）: 31-43.
[22] Park C, Whan, Mothersbaugh, David L, Feick. Consumer knowledge assessment, Jo-urnal of Consumer Research, 1994,（12）: 71-82.
[23] Ravasi D, Lojacono G. Managing design and designers for strategic renewa, Long Range Planning, 2005, 38（1）: 51-57
[24] Roy R, Riedel J C. Design and innovation in successful product competition, Techno-vation, 1997, 17（10）: 537-548.
[25] Sawhney M, Verona G, Prandelli E. Collaborating to create: the internet as a platform for customer engagement in product innovation. Journal of Interactive Marketing, 2005, 19（4）: 4-17.
[26] Sawhney M., Prandelli E. Communities of creation: managing distributed innovation in turbulent markets. California Management Review, 2000（2）: 24-54.
[27] Schreier M, Prugl R. Extending lead user theory: Antecedents and consequences of consumers' lead userness, Social

Science Electronic Publishing, 2007, 25 (4): 331–346 (16).

[28] Seva R R, Helander M G. The influence of cellular phone attributes on users' affective experiences: A cultural comparison, International Journal of Industrial Ergonomics, 2009, 39 (2): 341 – 346.

[29] Silpakit P, Fisk R. Participatizing the service encounter: a theoretical framework, Services marketing in a changing environment, 1985: 117–121.

[30] Waterman A S.Two conceptions of happiness: contrasts of personal expressiveness and hedonic enjoyment, Journal of Personality and Social Psychology, 1993, 64 (4): 678–691.

[31] Waterman A S, Schwartz S J, Conti R. The implications of two conceptions of happiness. Journal of Happiness Studies, 2008, (1): 41–79.

Research on Influence of Customer Participation on Product Innovation in New Product Development

Xu Huimin Hu Zhongwen Xin Chong

Abstract: Customer participation and its positive influence on product innovation in new product development are well recognized in many studies, but researches about its internal mechanism are very limited. By using scenariosimulation experiment method, this study explores influences of customer participation, eudaimonic happiness and customer knowledge onproduct innovation in new product development process. The results show that customer participation has significant positive influence on product innovationwhich means that the higher level of customer participation, the higher level of aesthetic innovation, feature innovation, emotional attribute innovationof product; customer knowledge plays a significant positive moderating role on the influence of customer participation on theaesthetic innovation and feature innovationof product, but the moderating role of customer knowledge on the influence of customer participation on theemotional attribute innovation of product is not significant; and eudaimonic happiness plays a partly mediating role between customer participation and product innovation.

Key words: customer participation; eudaimonic happiness; customer knowledge; product innovatio

基于存货质押模式的银行贷款价值比研究①

石　军　庄新田　刘卉妤　李晓青

（东北大学工商管理学院，沈阳 110819）

摘要：考虑单一供应商和单一零售商组成的供应链，在存货质押融资模式下，在银行风险中性下，分析质押物损耗、存货质押量、回购参数、处置价对银行贷款价值比的影响。结果表明存在最优贷款价值比，质物损耗率、存货质押量与贷款价值比呈负相关，而回购价、回购率以及处置价与贷款价值比呈正相关。

关键词：存货质押融资；风险中性；贷款价值比；质押物损耗

一、研究背景

中小企业是我国重要的经济主体，但难融资、难贷款、难担保已成为中小企业成长中的最大障碍。在这种情况下，基于供应链金融的存货质押融资模式应运而生。与传统的融资相比，供应链金融强调成员之间的联系与合作，银行对中小企业的评级不再仅依据企业自身的指标，而是评估真实的交易事实以及核心企业对它的信用提升等。存货质押融资业务通过确定合理的贷款价值比，银行将中小企业主体的信用风险转换成了质押物的风险，质押物的价格波动、过程损耗问题等，在一定程度上有效解决了中小企业融资难问题，也拓展了银行的金融服务范围和产品创新，近年在我国得到了快速发展。但供应链金融产品近年来也成为商业银行坏账产生较多的领域，存货质押融资业务风险控制引起市场的关注。

① **基金项目：**国家自然科学基金（71671030，71571038）。

作者简介：石军，东北大学工商管理学院博士研究生；庄新田，东北大学工商管理学院教授。刘卉妤，东北大学工商管理学院博士研究生；李晓青，东北大学工商管理学院博士研究生。

二、文献综述

（一）存货质押融资业务的研究

Friedman（1942）和 Eisenstadt（1966）等率先对存货质押融资业务发展过程中的法律环境、监管模式、质押融资业务模式以及存货质押融资的优缺点进行了总结。Wdsun（2004）研究现代物流面向金融服务的创新，提出促进中小企业通过质押贷款获得融资的供应链金融融资模式。Hofmann（2009）通过实际案例，研究了物流企业在存货质押融资业务中的作用，指出物流企业利润主要取决于质押物的价值和数量。Teng等（2012）研究了供应商和零售商基于存货质押融资模式，讨论了合作与不合作两种情况下的最优策略。朱文贵和朱道立等（2007）首次将延迟支付方式纳入存货质押融资模式的研究中，在分析零售商行动策略的基础上，建立了物流企业向零售商提供存货质押融资服务的定价模型。李梦和冯耕中等（2010）通过构建银行的损失效用函数，研究银行在中小企业违约后对质押存货进行清算的最优策略，通过参数敏感性分析得到委托物流企业管理费用、风险偏好系数和及时性市场影响系数对清算策略的影响。孔伟、马中华（2014）[8]将存货质押融资引入到报童模型中，研究了在贸易信用和非贸易信用两种条件下的供应链协调问题，通过敏感性分析可得若合理设定合同中的批发价格等参数可使供应链实现帕累托改善。吴英晶和李勇建（2015）研究二级供应链系统中，销售商违约风险和供应商回购对销售商存货质押融资决策的影响，表明有回购承诺的融资决策可以有效缓解销售商的融资问题。鲁其辉和姚佳希等（2016）采用经济订货批量模型，分析了在委托监管、物流银行和统一授信三种融资模式下供应链成员的决策和收益情况，发现银行偏向于选择统一授信模式。占济舟和卢锐（2016）研究了零售商存在资金约束的二级供应链，考虑在零售商选择商业信用融资或存货质押融资两种情况下的决策，指出当零售商自有采购资金越小时，若银行给定适合的贷款利率，存货质押融资方式更优；而当零售商自有资金大于某一范围时，零售商更愿意采取商业信用融资方式。

（二）存货质押融资下银行贷款价值比的研究

在存货质押融资业务中，一个重要的理论和实践问题就是如何确定贷款价值比（质押率），它是业务风险控制的核心指标。质押物的属性、贷款企业资信水平等对贷款价值比的大小都有很重要影响。对存货质押融资业务贷款价值比的研究主要从两种不同的思路进行。一种是遵循 Merton 的结构式方法，Stulz 和 Johnson（1985）分析了质押物在存货质押融资中的关键作用，在假定违约内生条件下，研究了质押物对质押担保债务定价的影响。Jokivuolle 和 Peura（2003）也利用这一结构式方法建立了一个担保物价值和企业违约概率相关的风险债务模型，分析了担保物函数的违约期望损失，研究表明贷款价值比随借款人违约概率的增加而降低，且随担保物价值波动率增加而降低。另一种研究思路是 Cossin 和 Huang（2003）所假定的违约外生性。外部因素也是导致企业违约的重要因素，通过构建一个担保物风险控制的框架来衡量债权人的信用风险水平，以求从实际损失高于预设值概率加以判断。此外，他们还考虑了管理担保物内在风险的盯市频率和贷款价值比这两个重要参数，并通过分析各种参数对贷款价值比的影响以对贷款价值比进行量化研究。

李毅学和徐渝等（2006）在假定企业违约外生性的情况下，综合考虑了质押物的价格波动、贷款周期及盯市频率等因素对存货质押融资业务中贷款价值比的影响，并构建了相关模型。张钦红和赵泉午（2010）研究了当存货需求随机波动时，银行在风险中性和其他风险偏好下最优质押率决策问题，当银行为风险规避或损失规避时，其最优质押率低于风险中性时的质押率。陈云和刘喜等（2015）在考虑违约风险、价格风险和变现风险的基础上，构建了一个静态质押的多周期动态模型，并通过引入内生流动性风险和清算延迟风险，对模型进行了相关拓展。黄云飞和庄新田等（2015）基于存货质押融资模式，取螺纹钢现货的价格为样本数据，采用经验值方法计算风险率与效率损失率，并与基于 VaR 历史模拟法计算所得的结果进行了比较，表明基于 VaR 历史模拟法对于短期的存货质押融资更有效，不仅可有效规避风险，而且可以提高融资效率。孙喜梅和赵国坤（2015）考虑二级供应链中的存货贷款价值比决策问题，给出了供应链信用和信用乘数的概念，建立了考虑供应链信用水平的银行贷款价值比决策模型，研究了信用乘数、存货质押量、回购率、损失规避系数等对银行贷款价值比的影响。

通过上述文献发现，现有关于贷款价值比的研究主要遵循企业违约的内生性和外生性两种不同思路，研究不同模型下贷款价值比并探讨各种因素对贷款价值比的影响，较少考虑到质押物损耗率的因素。本文将质押物损耗引入贷款价值比模型中，研究风险中性下银行的贷款价值比设定，以及存货质押量、回购参数、处置价的影响。由于质物的损耗对存货期末的总价值有很大的影响，本文将质押物损耗因素引入贷款价值比模型中，更加全面地考虑风险问题。

三、业务流程与基本假设

零售商自有资金不足，上游供应商不提供延期支付，零售商向风险中性的银行申请存货质押融资贷款。存货质押融资的流程为：①零售商以自有资金向供应商购买部分产品，再以将数量为Q的产品向银行提出存货质押融资申请，供应商与银行签订回购价为v、回购率为θ的回购协议。②零售商将质押量为Q，销售单价为p的产品作为质押物交给第三方物流企业进行控制和监管。③通过对质押物进行评估，银行确定贷款价值比ω，将ωpQ的贷款给零售商。④零售商销售质押商品，向银行出示市场订单，银行根据订单向物流企业发出放货指令，物流企业随即放货。⑤期末，若销售收入与剩余质押物的残值（包括供应商回购部分和处置部分）和大于贷款本息，企业选择如期还贷；否则，零售商将有可能选择违约。⑥质押物损耗的出现会减少贷款期末质押物库存量，用质押物损耗率描述其损耗情况，即$I(t)=Qe^{-\alpha t}$。⑦市场需求ξ为一随机变量，其概率密度函数为$f(\xi)\geq 0$，分布函数$F(\xi)\geq 0$严格单调递增而且可导，$F^{-1}(\xi)$为逆函数。

表1 符号定义

符号	含义
α	质押物在仓库中的损耗率
T	存货质押融资的期限，一般小于一年
t	存货质押融资期间的某一时刻（t<T）
I（t）	t时刻仓库中质押物的库存量
η	零售商的自有资金
Q	零售商用于质押融资的存货数量，$Q\leq\eta/W$
p	质押物的市场价格，在质押期间保持不变
s	期末未售出质押物的单位处置价
W	供应商提供给零售商的批发价
v	供应商对期末剩余产品的回购价（$0<s\leq v\leq w$）
θ	供应商对期末剩余产品的回购率（$0<\theta<1$）
Δp	期末剩余单位产品的残值，$\Delta p=\theta v+(1-\theta)s$，且$p>\Delta p$
ω	银行的贷款价值比（$0\leq\omega\leq 1$）
h	零售商的外生违约率（$0<h<1$）
H	零售商违约事件

续表

符号	含义
r	银行的贷款利率，ωQpe^{rT} 为期末贷款本息和
R	银行的贷款成本利率（ $r>R$ ）

四、模型构建

存货质押融资业务中，银行所承担的风险主要是来自质押物的风险和企业的信用风险。银行贷款能否及时收回取决于质押物贷款期末的实际价值以及零售商销售收入不足以支付质押贷款时的信用表现。质押物贷款期末的实际价值包括零售商销售产品所得的销售收入和未售出质押物的残值（包括供应商回购部分和未被回购质物的处置价值），另外还需考虑质押物的损耗。下面讨论不同情况下银行的利润。

零售商如期还款时，银行及时收回贷款本息和，其期末收益为：（ $\omega Qpe^{rT}-\omega Qpe^{RT}$ ）

零售商违约时，银行只能收回其封闭账户中的资金和未售出产品的期末残值，即 $p\min\{\xi,I(T)\}+\Delta p\max\{0,I(T)-\xi\}-\omega Qpe^{rT}$，因此银行的期末收益为：

$$\Pi_B=\min\left\{p\min\{\xi,I(T)\}+\Delta p\max\{0,I(T)-\xi\},\ \omega Qpe^{rT}\right\}-\omega Qpe^{RT} \tag{1}$$

当零售商的销售收入与期末剩余产品的残值之和等于银行的质押收益时，银行可以无风险地获得质押收益。即

$$p\min\{\xi,I(T)\}+\Delta p\max\{0,I(T)-\xi\}=\omega Qpe^{rT} \tag{2}$$

由于银行的贷款价值比 ω，满足“期末企业正常销售所有质押物必能支付银行贷款”的要求，即 $pI(T)\geq\omega Qpe^{rT}$，所以式（2）成立必满足 $\xi\leq I(T)$，得到银行的无风险质押收益的临界点 ξ_1：

$$\xi_1=\frac{1}{p-\Delta p}\left[\omega Qpe^{rT}-\Delta pI(T)\right] \tag{3}$$

①若 $\xi<\xi_1$，则 $p\min\{\xi,I(T)\}+\Delta\max\{0,I(T)-\xi\}<\omega Qpe^{rT}$，当零售商的销售收入与期末剩余产品的残值之和不能偿付贷款本息时，零售商面临两种选择：以违约率 h 选择违约，或者以（$1-h$)的概率选择守约。

若零售商选择违约，此时银行的期末收益为：

$$\Pi_{B1} = p\xi + \Delta p(I(T) - \xi) - \omega Qpe^{RT} \quad (4)$$

若零售商选择以（$1-h$)的概率守约，此时此时银行的期末收益为：

$$\Pi_{B2} = \omega Qp\left(e^{rT} - e^{RT}\right) \quad (5)$$

②若 $\xi \geq \xi_1$，则 $p\min\{\xi, I(T)\} + \Delta p\max\{0, I(T) - \xi\} \geq \omega Qpe^{rT}$，此时零售商可以按时归还银行贷款，银行收益等于质押收益与资金成本之差，即：

$$\Pi_{B3} = \Pi_{B2} = \omega Qp\left(e^{rT} - e^{RT}\right) \quad (6)$$

由式（4）、（5）、（6）得到银行的期末效用函数为：

$$U(\pi_B) = \begin{cases} \Pi_{B1}, & if\{\xi < \xi_1\} \cap H \\ \Pi_{B2}, & if\{\xi < \xi_1\} \cap \bar{H} \\ \Pi_{B3}, & if\{\xi \geq \xi_1\} \end{cases} \quad (7)$$

由式（7）可得风险中性下银行的期望效用函数为：

$$\begin{aligned} E\left[U(\pi_B)\right] = & h\left\{ p\int_0^{\xi_1} \xi f(\xi) d\xi + \Delta p\int_0^{\xi_1} (I(T) - \xi)(\xi) d\xi - \omega Qpe^{RT} F(\xi_1) \right\} \\ & + (1-h)\omega Qp\left(e^{rT} - e^{RT}\right)F(\xi_1) + \omega Qp\left(e^{rT} - e^{RT}\right)\left[1 - F(\xi_1)\right] \end{aligned} \quad (8)$$

化简式（8），得到：

$$E\left[U(\pi_B)\right] = \omega Qp\left(e^{rT} - e^{RT}\right) - h(p - \Delta p)\int_0^{\xi_1} F(\xi) d\xi \quad (9)$$

其中 $\xi_1 = \dfrac{1}{p - \Delta p}\left[\omega Qpe^{rT} - \Delta pI(T)\right]$。

根据企业在贷款期末正常销售完所有产品后能支付银行贷款的要求；即 $pI(T) \geq \omega Qpe^{rT}$，可得银行贷款价值比约束式：

$$\omega \leq \frac{e^{-\alpha T}}{e^{rT}} = \omega_2 \quad (10)$$

结合式（9）、（10），得到风险中性下的银行贷款价值比模型：

$$E\left[U(\pi_B)\right] = \omega Qp\left(\left(e^{rT} - e^{RT}\right)\right) - h(p - \Delta p)\int_0^{\xi_1} F(\xi) d\xi \quad (11)$$

$$\text{s.t. } \omega \leq \frac{e^{-\alpha T}}{e^{rT}}$$

五、模型分析

下面讨论银行期望效用最大化时的最优贷款价值比，并分析质物损耗率、零售商存货质押量、核心企业回购价、回购率等对银行最优贷款价值比的影响。

定理 1：当期末产品需求服从随机分布时，银行的最优贷款价值比 ω_a^* 为

$$\omega_a^* = \min\left\{\frac{1}{Qpe^{rT}}\left[(p-\Delta p)F^{-1}\left(\frac{e^{rT}-e^{RT}}{he^{rT}}\right)+\Delta pI(T)\right]\frac{e^{-\alpha T}}{e^{rT}}\right\} \tag{12}$$

证明：对式（11）求贷款价值比 ω 一阶、二阶导数：

$$\frac{dE\left[U(\pi_B)\right]}{d\omega} = Qp\left(e^{rT}-e^{RT}\right)-hQpe^{rT}F\left(\frac{\omega Qpe^{rT}-\Delta pI(T)}{p-\Delta p}\right) \tag{13}$$

$$\frac{d^2E\left[U(\pi_B)\right]}{d\omega^2} = -hQpe^{rT}f\left(\frac{\omega Qpe^{rT}-\Delta pI(T)}{p-\Delta p}\right)\frac{Qpe^{rT}}{p-\Delta p} \tag{14}$$

二阶导数 $d^2E\left[U(\pi_B)\right]/d\omega^2$ 恒小于零，因此，π_B 是关于 ω 的凹函数，令一阶导数 $dE\left[U(\pi_B)\right]/d\omega=0$ 得到：

$$\omega_1 = \frac{1}{Qpe^{rT}}\left[(p-\Delta p)F^{-1}\left(\frac{e^{rT}-e^{RT}}{he^{rT}}\right)+\Delta pI(T)\right] \tag{15}$$

结合 ω 的约束条件有：

$$\omega_a^* = \min\left\{\frac{1}{Qpe^{rT}}\left[(p-\Delta p)F^{-1}\left(\frac{e^{rT}-e^{RT}}{he^{rT}}\right)+\Delta pI(T)\right]\frac{e^{-\alpha T}}{e^{rT}}\right\} \tag{16}$$

证毕。

定理 1 说明在存货质押融资业务中，存在使银行期望效用最大化的最优贷款价值比，因此，银行应按照最优贷款价值比向中小企业提供贷款，在控制风险的同时获得贷款收益。

定理 2：当其他条件不变时，银行最优贷款价值比 ω_a^* 是关于损耗率 α 的单调减函数，质押物损耗率越低，银行的最优贷款价值比就越高，当 $\alpha=0$ 时取得最大值

$$\omega^*_{\max} = \min\left\{\frac{1}{Qpe^{rT}}\left[(p-\Delta p)F^{-1}\left(\frac{e^{rT}-e^{RT}}{he^{rT}}\right)+\Delta pQ\right]\frac{1}{e^{rT}}\right\} \tag{17}$$

证明：因 $\omega_2 = e^{-\alpha T}/pe^{rT}$ ，分别求 ω_1 ω_2 对损耗率 α 的一阶导数，

$d\omega_1/d\alpha = -T\Delta pe^{-\alpha T}/pe^{rT}$ ， $d\omega_2/d\alpha = -Te^{-\alpha T}/e^{rT}$ ，由于 $d\omega_1/d\alpha$ $d\omega_2/d\alpha$ 均小于零，所以 ω^* 是关于 α 的严格单调递减函数，由式（16），当 $\alpha = 0$ 时，取得贷款价值比的最大值：

$$\omega^*_{\max} = \min\left\{\frac{1}{Qpe^{rT}}\left[(p-\Delta p)F^{-1}\left(\frac{e^{rT}-e^{RT}}{he^{rT}}\right)+\Delta pQ\right]\frac{1}{e^{rT}}\right\} \tag{18}$$

证毕。

定理2说明质押物的损耗率越低，贷款期末质押物的实际价值越高，银行面临的信用风险就越小，其所提供的贷款价值比就越高，企业通过存货质押融资就能获得更多贷款。因此，就银行而言，在针对存货质押融资业务设定贷款价值比时，要充分考虑存货质地的稳定性及损耗率。

定理3：当其他条件不变时，银行期末的期望效用 $E\left[U\left(\pi_B\right)\right]$ 是质押物损耗率 α 的单调递减函数。

证明：求银行期末的期望效用式（9）对质押物损耗率 α 的一阶导数得：

$$\begin{aligned}\frac{dE\left[U\left(\pi_B\right)\right]}{d\alpha} &= -h(p-\Delta p)F(\xi_1)\frac{-\Delta p}{p-\Delta p}(-T)Qe^{-\alpha T}\\ &= -h\Delta pTeQ^{-\alpha T}F(\xi_1) < 0\end{aligned} \tag{19}$$

所以在其他条件不变的情况下，银行期末的期望效用 $E\left[U\left(\pi_B\right)\right]$ 与质押物损耗率 α 呈负相关。证毕。

定理3说明由于质物损耗率的影响，银行必然调低贷款价值比以控制风险，影响银行所能获得的质押收益，进而对银行效用产生不利影响。

定理4：当其他条件不变时，银行最优贷款价值比 ω_a^* 是关于零售商质押量Q的单调递减函数。

证明：对 ω_1 求零售商质押量Q的一阶导数：

$$\frac{d\omega_1}{dQ} = -\frac{(p-\Delta p)F^{-1}\left(\frac{e^{rT}-e^{RT}}{he^{rT}}\right)}{Q^2pe^{rT}} \tag{20}$$

由于 $d\omega_1/dQ < 0$ ，所以 $d\omega_a^*/dQ \le 0$ 当且仅当 $\omega_a^* = \omega_2$ 时“=”成立，因此银行最优贷款价值比是关于零售商质押量的减函数。证毕。

定理 4 表明，零售商的存货质押量越高，银行提供的贷款价值比就越低。这是因为随着质押量的增加，期末销售产品剩余的可能性就越大，银行面临的市场风险就越大，因此，为了降低贷款收回损失的可能性，银行会选择较低的贷款价值比来减少发放贷款。

定理 5：当其他条件不变时，银行最优贷款价值比 ω_a^* 是关于供应商回购价 v 、回购率 θ 以及剩余产品处置价 s 的单调递增函数。

证明：由式（15）求 ω_1 对期末剩余产品残值 Δp 的一阶导数：

$$\frac{d\omega_1}{d(\Delta p)}=\frac{-F^{-1}\left(\dfrac{e^{rT}-e^{RT}}{he^{rT}}\right)+I(T)}{Qpe^{rT}} \tag{21}$$

由于 $I(T)-F^{-1}\left(e^{rT}-e^{RT}/he^{rT}\right)>0$ ，所以 $d\omega_1/d(\Delta p)>0$ ，又因 $d\omega_a^*/dQ\le 0$ 当且仅当 $\omega^*=\omega_1$ 时 “=” 成立，所以银行最优贷款价值比是关于期末剩余产品残值 Δp 的减函数。

由 $\Delta p=\theta v+(1-\theta)s$ 可知，Δp 是关于 v、θ 和 s 的增函数，因此，银行最优贷款价值比 ω_a^* 是关于供应商回购价 v 、回购率 θ 以及剩余产品处置价 s 的单调递增函数。证毕。

定理 5 表明，剩余产品的处置价值越高，质押物期末的实际价值就越大，因而银行质押贷款面临的风险就越小。基于这种情况，银行就能够提供更高的贷款价值比。

另外，对于银行来说，供应商的回购策略相当于为零售商的存货质押融资行为提供了第三方担保，分担了银行面临的中小企业信用风险，并为其提高贷款价值比提供了保证。在其他条件不变时，考虑供应商回购的两种极端情况：若采取完全回购（ $\beta=1$ ），银行的贷款价值比便只与供应商提供的回购价相关；若采取完全不回购（ $\beta=0$ ），则银行的贷款价值比只与剩余质押物的处置价格相关。

六、研究结论

（1）融资企业通过将一定数量的存货作为质押物向银行申请存货质押融资贷款，损耗的出现会在一定程度上影响质押物期末的实际价值，进而增加了银行的风险，因此，质押物损耗率越大，银行所设定的贷款价值比就越小，银行的期望效用也越小。

所以在实际业务中，中小企业会倾向于提供损耗率较小的存货作为质押物。

（2）银行的期望效用与质押物损耗率成负相关关系，质押物损耗率越低，银行的期望效用就越大，因此，银行为了规避风险并提升期望效用，往往乐于选择质地稳定且便于保管的存货作为质押物。

（3）存货质押量与银行贷款价值比成负相关，期末剩余质押物的处置价、核心企业提供的回购率和回购价与银行贷款价值比成正相关。

参考文献

[1] Friedman. Fied warehousing, Columbia LawReview, 1942, 42（6）: 312–318.

[2] Eisenstadt M. A finance company's approach to warehouse receipt loans, New York Certified Public Accountant, 1966, 20（36）: 661–670.

[3] Weisun. Business models and solution architectures for SMB financing in a supply chain ecosystem, European Journal of Operational Research, 2004, 20（3）: 130–133.

[4] Hofmann E. Inventory financing in supply chains: A logistics service provider–approach, International Journal of Physical Distribution & Logistics Management, 2009, 39（9）: 716–740.

[5] Teng J T, Chang C T, Chern M S. Vendor–buyer inventory models with trade credit financing under both non-cooperative and integrated environments, International Journal of Systems Science, 2012, 43（11）: 2050–2061.

[6] 朱文贵、朱道立、徐最．延迟支付方式下的存货质押融资服务定价模型．《系统工程理论与实践》，2007，9（12）：1–7.

[7] 李梦、冯耕中等．存货质押融资业务最优清算策略．《系统工程理论与实践》，2010，30（9）：1579–1585.

[8] 孔伟、马中华．贸易信用及存货质押融资下供应链的协调策略．《工业工程与管理》，2014，19（1）：72–78.

[9] 吴英晶、李勇建．供应商回购承诺下的销售商存货质押融资决策．《运筹与管理》，2015，24（3）：60–67.

[10] 鲁其辉、姚佳希、周伟华．基于 EOQ 模型的存货质押融资业务模式选择研究．《中国管理科学》，2016，24（1）：56–66.

[11] 占济舟、卢锐．零售商采购资金约束下供应链融资方式的选择策略研究．《管理工程学报》，2016，30（3）：106–113.

[12] Stulz R, Johnson H. An analysis of secured debt, Journal of Financial Economics, 1985, 13（14）: 501–521.

[13] Jokivuolle E, Peura S. Incorporating collateral value uncertainty in loss given default estimates and loan–to–value ratios, European Financial Management, 2003, 9（3）: 299–314.

[14] Cossin D, Huang Z. Aunon–Nerin D.A framework for collateral risk control determination, European Central Bank Working Paper Series, 2003, 5（1）: 1–47.

[15] 李毅学、徐渝、冯耕中．标准存货质押融资业务贷款价值比率研究．《运筹与管理》，2006，6（15）：78–82.

[16] 张钦红、赵泉午．随求随机时存货质押贷款质押率决策研究．《中国管理科学》，2010，18（5）：21–27.

[17] 陈云、刘喜、杨琴．基于清算延迟和流动性风险的供应链存货质押率研究．《管理评论》，2015，27（4）：197–208.

[18] 黄云飞、庄新田．存货质押融资中螺纹钢风险价值的控制．《东北大学学报》，2015，36（2）：292–296.

[19] 孙喜梅、赵国坤．考虑供应链信用水平的存货质押率研究．《中国管理科学》，2015，23（7）：77–84.

A study on the value ratio of Bank loans based on inventory Pledge

Shi Jun Zhuang Xintian Liu Huiyu Li Xiaoqing

Abstract: considering the supply chain composed of single supplier and single retailer, under the mode of inventory pledge financing and bank risk neutrality, the effects of pledge loss, inventory pledge, repurchase parameters and disposal price on bank loan value ratio are analyzed. The results show that there is a negative correlation between the loan value ratio, the quality loss rate, the inventory pledge amount, and the loan value ratio, while the repurchase price, the repurchase rate and the disposal price are positively correlated with the loan value ratio.

Key words: inventory pledge financing; risk neutral; loan to value ratio; pledge loss

政策风险对新兴市场国家企业海外市场进入模式选择的影响研究
——以中国上市公司为例

齐朝顺　杜晓君[①]

（东北大学工商管理学院，沈阳 110169）

摘要： 海外市场进入模式选择是企业国际化战略的重要组成部分。已有研究忽视能动性在新兴市场国家企业海外市场进入模式选择中的独特价值。基于制度理论的能动性视角与演化理论，以中国A股上市公司在2003年至2014年投资新建的155家海外子公司为样本，运用STATA 12.0 软件，系统分析东道国政策风险对新兴市场国家海外市场进入模式选择的线性与非线性影响，同时探讨政治关联对政策风险与海外市场进入模式选择之间线性关系的调节作用。研究结果表明，新兴市场国家选择独资模式进入政策风险较高的东道国；选择合资模式进入政策风险过高的东道国，即东道国政策风险与新兴市场国家海外市场进入模式选择存在倒U形关系，并且企业在母国的政治关联能够正向调节政策风险与海外市场进入模式选择之间的线性关系。研究结论深化了能动性对于新兴市场国家海外市场进入模式选择影响的理解，同时也为企业如何选择恰当的进入模式获取合法性提供了一定的实践指导。

关键词：政策风险；新兴市场国家企业；能动性；制度创业；制度同构

一、引言

长期以来，企业的对外直接投资一直是理论界与企业界关注的热点问题。进入模式选择决定了企业的资源承诺、投资风险、控制程度以及利润分配，因此，进入模式选择是企业国际化战略决策的一个重要组成部分（吕萍和郭晨曦，2015）。随着以中国企业为代表的新兴市场国家企业在世界经济中重要性的日益提升，来自新兴市场国家

① **作者简介：** 齐朝顺，东北大学工商管理学院博士研究生；杜晓君，东北大学工商管理学院教授。

企业的对外直接投资行为逐渐成为研究的焦点。对新兴市场国家企业的海外市场进入模式选择问题的研究也引起了越来越多的学者的关注。

使用制度理论探究企业海外市场进入模式选择问题的学者强调企业所选择的进入模式应该有助于其获取在东道国利益相关者眼中的合法性（Meyer et al.，2009）。从制度理论的合法性视角出发，学者对组成东道国制度环境重要维度的政策风险与企业海外市场进入模式选择之间的关系进行了考察。这些研究普遍认为，为了规避或者降低东道国政府的歧视性政策对企业合法性造成的不利影响，应该采取与具有合法性的当地企业合资的方式进入政策风险较高的东道国。

以上研究大多是建立在发达市场国家企业对外直接投资的研究基础上。但正如学者指出的，与发达市场国家相比，新兴市场国家的制度背景具有特殊性（Child & Rodrigues，2005）。这种特殊的制度背景使得新兴市场国家企业拥有能动性。这种能动性使得新兴市场国家企业在面临由政策风险导致的制度压力时，可能不会采取制度同构的方式对制度压力进行反应（Wang et al.，2012）。已有研究考察了能动性对发达市场国家企业的海外市场投资区位选择（Jiménez，2011；Garcia-Canal & Guillen，2008）、公司内贸易（Feinberg & Gupta，2009）以及国际化范围（Jiménez et al.，2014）等国际化战略的影响，忽视了对新兴市场国家企业拥有的能动性对其海外市场进入模式选择影响的研究。与此同时，现有研究仅仅考察了能动性视角的一个方面。然而，正如学者指出的，能动性不仅体现在能够干预这个世界，而且体现在抑制进行这样的干预（Gidden，1984）。因此，仅仅考察能动性一个方面的影响无法充分体现能动性的作用。为了弥补已有研究的不足，本研究将基于制度理论的能动性视角与演化理论考察东道国的政策风险对新兴市场国家企业海外市场进入模式选择的线性与非线性影响。同时，本研究进一步探讨企业在母国的政治关联对两者之间线性关系的调节作用。

二、相关文献评述

企业在开展海外经营时，只有在获取东道国利益相关者赋予的合法权，才能获得关系到企业生存与发展的重要资源。制度理论认为，企业选择的海外市场进入模式必须有助于其获取东道国利益相关者的接受与认可。基于此，制度理论的合法性视角指出，为了获取合法性，企业应该采取制度同构，即服从当地制度要求的方式获取合法性。这意味着，当东道国的制度环境使得企业面临较大的同构性压力时，应该采取合资模式而不是独资模式进入东道国市场（Yiu & Makino，2002；蓝海林等，2010）。从该视角出发，学者们的研究已经表明，东道国制度环境的约束性越强，企业越可能选择资源承诺较低、灵活性较高的合资模式进入甚至采取许可证、出口等不涉及股权投资的模式进入东道国市场（Uhlenbruck，2006）。Chang 等（2014）的研究也得出了类似的结论，他们认为，当进入治理质量较差的东道国时，企业倾向于采取合资模式进入。

政策风险是东道国制度环境的重要组成维度。已有研究表明，一国的政治制度对于该国政策制定者的限制程度是一国政策风险的重要决定因素。如果政策制定者来自不同的党派联盟意味着权利更加分散，那么，这种政治系统是以相对高的稳定性以及相对低的政策风险为特征的；相反，政策制定的权力更加集中或者是在有着相似偏好的政治行为者之间分享，那么，该政治系统是以更高的政策风险为特征的（Henisz，2000；Slangen，2013）。研究指出，东道国的政策风险越高，企业面临的合法性压力越大（Nachum，2010）。这是由于政策风险较高的东道国往往是经济发展水平有限的新兴市场国家与发展中国家，尽管这些国家的政府普遍对跨国企业持欢迎态度，并且给与跨国企业相当的政策刺激。然而，为了壮大本国企业的实力，降低对外资的依赖，它们对跨国企业在本国的经营也施加了诸多的政策限制（Tseng&Lee，2010），这种政策限制形成了对跨国企业的政策歧视。东道国政府的歧视性政策使得跨国企业难以获取在当地经营的合法性。

为了规避或者降低政策歧视对企业造成的不利影响，提高企业在东道国政府眼中的合法性，企业应该采取合资模式进入政策风险较高的东道国。一方面是由于企业需要额外的能力管理东道国政策环境的特征（Henisz，2003）。然而，这种能力来自于组织特征、与重要的利益相关者的外部联系以及当地企业拥有的信息（Scott，2001）。被认为在东道国市场不具有合法性的企业缺少足够的能力管理东道国政策环境的特征。在这种情况下，企业能够通过依赖它们的具有合法性的当地伙伴提高自身处理政策歧视的能力。另一方面是由于东道国政府对企业采取的歧视性政策也将影响当地企业的经营，特别是在合作伙伴是国有企业的情况下。因此，通过与当地企业合资，企业能够获取合法性。

总结已有关于政策风险与企业海外市场进入模式选择战略决策关系的研究可以发现，学者们大多从制度理论的合法性视角出发，认为企业为了规避政策歧视，获取在东道国政府眼中的合法性，应该采取合资模式进入政策风险较高的东道国。这意味着，企业在制度压力面前只能选择服从压力。然而，这些研究忽视了企业是具有能动性的主体，特别是对于来自于新兴市场国家的企业而言。已有研究指出，与发达市场国家企业相比，新兴市场国家企业在同样是新兴市场国家经营时更加具有竞争优势（Khanna &Yafeh，2007）。本研究将基于制度理论的能动性视角与演化理论深入探讨企业拥有的能动性对东道国政策风险，对新兴市场国家企业进入模式选择的线性与非线性影响，探究新兴市场国家企业竞争优势的来源。另外，通过考察调节变量对两者线性关系的调节作用，检验结论成立的情境条件。

三、理论基础与研究假设

（一）政策风险对海外市场进入模式选择的线性影响

制度理论的合法性视角指出，企业为了生存必须服从东道国制度环境中普遍存在的规则与信念系统，因为通过同构，包括结构与战略两方面的同构，将使得企业获取合法性。已有研究指出，在面对东道国政策环境对企业施加的同构压力时，通过与当地企业合资能够帮助企业获取合法性。尽管该理论视角为理解制度压力与海外市场进入模式选择之间的关系提供了洞察力，然而，过分强调制度外生性的观点也遭到了学者们的批评。例如，Kostova 等（2008）认为当前从事跨国企业研究的学者仅仅使用了制度理论的一个非常狭隘的子集，并且当前的研究没有反映制度理论的新发展。

制度理论的新发展之一就是将制度理论与能动性相结合。不同于制度理论的合法性视角强调采取制度同构的方式获取合法性，制度理论的能动性视角关注行为者如何去创造新的制度结构或者改变已有的通过组织场域扩散的制度结构（Kostova et al.，2008）。也就是说，以新制度的安排为形式的制度的改变不仅是由宏观历史等外生因素导致，也是由创业者的制度创业行为导致（Maguire et al.，2004）。基于此，制度理论的能动性视角认为企业可以采取制度创业的方式获取合法性。企业之所以愿意采取制度创业而不是制度同构的方式获取合法性，一方面是由于企业的外来者身份使得它们更有可能成为制度创业者（Boxenbaum&Battilana，2005）。另一方面是由于通过制度同构的方式获取合法性对于某些企业或者行业而言成本太高或者不可行（Scherer et al.，2013）。基于东道国政府政策对企业生存与发展的重要性，对于拥有能动性的企业而言，为了构建除了模仿之外的其他合法性机理，需要参与制度创业，最大程度地调动企业的能动性去塑造东道国政府政策，最终达到改变不利政策甚至创造对自身有利政策的目的（Kostova et al.，2008）。

学者的研究已经表明，东道国政府的政策制定缺少监督与平衡的特征，使得东道国的政治市场比较发达（Hillman &Keim，2005），为企业通过实施政治战略进行制度创业获取合法性创造了机会。然而，企业能否利用该机会塑造政府政策，依赖于企业拥有的政治能力的大小（Jiménez，2011；Garcia-Canal&Guillen，2008）。资源基础观指出，企业拥有的资源与能力的异质性是导致国际化战略差异的重要原因。因此，企业能否通过实施政治战略采取制度创业而不是制度同构的方式获取合法性依赖于自身拥有的政治能力的大小。政治能力是企业评估政策风险、管理政策制定过程以及配置或者利用所拥有的知识与技巧的能力（Holburn&Zelner，2010）。进一步，学者认为政治能力是由辨别潜在风险与机会的能力、阻止不利或者促进有利政策改变的能力以及随着时间提升上述两种能力的能力构成（Henisz，2003）。

母国制度环境的差异被认为塑造了企业的战略以及它们不同的价值观与信念导向的结构（Mcgahan&Victer，2010）。与发达市场国家企业相比，新兴市场国家企业拥有更强的政治能力（Wocke&Moodley，2015）。这是由于新兴市场国家普遍缺少市场支持制度，导致企业在交易过程中面临诸多不确定性，特别是来自政府政策方面的不确定性（Farashahi&Hafsi，2009）。为了生存，企业通常需要通过实施政治战略塑造政府政策，获得对自身有利的政府政策。因此，与市场战略相比，政治战略对新兴市场国家企业的生存与发展更加重要。在这种情况下，企业将更加频繁地参与政府的政策制定过程，在评估政策发展动态以及管理与政治行为者关系的过程中学习并积累了大量的知识与技巧。这些知识与技巧形成了新兴市场国家企业强大的政治能力。与此同时，企业将这些通过组织学习获得的知识与技巧储存在企业的组织惯例中（Zollo&Winter，2002）。因此，组织惯例具有背景依赖性。另外，组织惯例也具有路径依赖性（Cohen et al.，1995）。企业在母国的战略选择（即政治战略）在惯性的作用下不断自我强化，并且被锁定在这一特定路径下，最终形成路径依赖。组织惯例的背景依赖性与路径依赖性使得企业将把组织惯例转移到与本国具有相似政策环境的政策风险较高的东道国，并且采取与在本国相似的战略——通过实施政治战略塑造政府政策即采取制度创业的方式获取在东道国政府眼中的合法性。总之，新兴市场国家企业在本国采取的政治寻租行为塑造了企业政治战略的个体模式以及组织路径。

综上所述，东道国较高的政策风险形成发达的政治市场为企业通过实施政治战略进行制度创业获取合法性创造了机会，新兴市场国家企业拥有的政治能力使其能够利用该机会。在这种情况下，新兴市场国家企业通过将组织惯例转移到东道国处理政府的政策歧视，从而不必依赖当地企业，因此采取独资模式进入政策风险较高的东道国。由此，提出如下假设：

假设1：拥有能动性的新兴市场国家企业更倾向于选择独资模式进入政策风险较高的东道国。

（二）政治关联对政策风险与海外市场进入模式选择线性关系的调节作用

与发达市场国家不同，新兴市场国家通常处于从农业经济或者中央计划经济的转型过程中。因此，国家层面制度条件的差异使得新兴市场国家企业的战略选择显著不同于发达国家市场企业（Young et al.，2014）。新兴市场国家的正式制度缺失以及确定性较低的制度条件使得企业较少依赖市场等正式制度作为它们竞争优势的来源，而是更多地依赖非正式制度获取竞争优势。在新兴市场国家中，关系或网络由于能够降低交易成本与不确定性，往往成为不完善的正式制度的替代机制。进一步，由于政府在经济的调控与资源的分配方面扮演举足轻重的角色，使得新兴市场国家企业热衷于建立政治关联。政治关联是企业通过参政议政或者聘请前任政府官员担任公司高管等方式与政府建立关系。企业建立政治关联的现象在世界上的很多国家普遍存在，尤其是在制度不完善的新兴市场国家（Faccio，2006）。

上文的分析已经指出，企业能否通过实施政治战略进行制度创业获取合法性，依赖于企业拥有的政治能力。然而，政治能力并没有在所有企业之间得到平均分配。正如学者指出的，即使来自同一制度环境，拥有相同文化模式的企业，其拥有的能动性也不同（Sewell，1992）。本研究认为，在政治上关联的新兴市场国家企业拥有更强的政治能力。一方面，通过政治关联获得的充裕资金能够提高政治能力。与研发、营销等市场能力相似，企业发挥政治能力实施政治战略同样需要相当的资金投入。这意味着企业必须拥有充裕的资金，才能在政策风险较高的东道国通过实施政治战略进行制度创业获取合法性。然而，与发达市场国家企业相比，新兴市场国家企业的规模普遍较小，并且面临更强的资金约束。资金的不足在一定程度上削弱了企业的政治能力。已有研究表明，新兴市场国家企业的政治关联能够帮助企业获得更多的资金。在政治上关联的企业能够获得额度更大并且期限更长的银行贷款（Leuz&Oberholzer Gee，2006）。这些资金为新兴市场国家企业发挥政治能力实施政治战略提供了强大的资金支持。另一方面，通过政治关联获得的丰富的知识与技巧能够提高政治能力。政治能力具有明显的经验效应。企业发挥政治能力实施政治战略的次数越多，政治能力的有效性越高，这就要求企业必须通过更多地与政府进行互动，才能够在影响政府政策的过程中获得更多的知识与技巧，从而提高政治能力的有效性。嵌入政治网络能够帮助企业获得更多与政府互动的机会。已有研究表明，政治关联使得企业承担的税负更低（吴文锋等，2008）、更容易获得政府的财政补贴（唐清泉和罗党论，2007）。政治关联使得企业获得更多的优惠政策说明，在政治上关联的企业获得更多影响政府政策的机会，换言之，政治关联使得企业从政府的“圈外人”转变为“圈内人”，身份的转变帮助企业获得更多与政府互动的机会以及实施政治战略的知识与技巧，从而提高了政治能力。

基于上述分析，由于政治关联能够为新兴市场国家企业提供充裕的资金以及丰富的知识与技巧，提高企业的政治能力，政治能力的提高使得新兴市场国家企业的组织惯例在政策风险较高的东道国能够发挥更大的作用，使得新兴市场国家企业更愿意在政策风险较高的东道国通过实施政治战略进行制度创业获取合法性，从而采取独资模式进入。由此，提出如下假设：

假设 2：在母国的政治关联正向调节东道国政策风险与新兴市场国家企业海外市场进入模式选择之间的关系，即与政治关联比例较低的企业相比，政治关联比例较高的企业更倾向于以独资模式进入政策风险较高的东道国。

（三）政策风险对海外市场进入模式选择的非线性影响

组织惯例具有背景依赖性（Cohendet，2003），组织惯例的这一特征意味着组织惯例只有在特定背景下才是有效的，换言之，组织惯例包含了一些特定的环境因素。进一步，背景与组织惯例之间的相互依赖关系使其即形成了对组织惯例的外部支持，又对组织惯例的有效转移形成了制约，因此，背景之间的相似性是组织惯例转移的重要前提，换言之，背景之间的差异性将导致组织惯例难以转移。这意味着，尽管企业在母国的成功经历形成的正反馈使得组织惯例形成了路径依赖，企业会将组织惯例转移到与母国具有相似制度环境的东道国。然而，如果母国与东道国之间制度环境的差异使得组织惯例无法转移，为了生存与发展，企业会将已有的组织惯例转变为新的组织惯例以适应东道国制度环境。关于组织惯例改变的原因，与组织生态理论对企业能动性的忽视不同，演化理论认为，由于拥有能动性，企业能够根据自身对环境改变的判断有选择性地组织、实施以及改变组织惯例（Feldman&Pentland，2003），而不是没有进行有意识的思考就执行组织惯例。这意味着企业能够预测到环境的变化并主动改变组织惯例而不是在环境发生改变后被动改变组织惯例。

政策风险较高的东道国的政府需求是相对一致的、透明的以及稳定的。由于政策环境的相似性，新兴市场国家企业能够很容易地将与母国政府互动过程中学习到的知识与技巧用于在政治市场与东道国政府进行交易。组织惯例的有效转移意味着新兴市场国家企业能够有效利用政治能力。使得新兴市场国家企业能够在政策风险较高的东道国通过实施政治战略进行制度创业获取合法性。在这种情况下，东道国较高的政策风险被视作新兴市场国家企业可以主动利用的内生因素。

尽管新兴市场国家企业能够通过实施政治战略进行制度创新获取合法性的收益，然而，与传统市场相似，在政治市场上与东道国政府进行交易同样面临交易成本。当母国与东道国之间制度环境的差异性较大时，由于组织惯例难以有效转移，使得新兴市场国家企业在东道国政治市场上进行交易时面临非常高的交易成本，例如，难以识别东道国重要的政治行为者。与政策风险较高的东道国不同，东道国过高的政策风险往往是以高度的制度复杂性与动态性为特征的（Greenwood et al.，2011）。这种制度复杂性与动态性体现在东道国政府的需求是高度矛盾的、模糊的以及处于不断变化之中的（Elsbach &Sutton，1992；Pache&Santos，2010）。由于母国与东道国政策环境的差异性，新兴市场国家企业在母国学习到的与政府互动的知识与技巧无法用于在政治市场与东道国政府进行交易。对组织惯例转移的限制产生的高的交易成本降低了新兴市场国家企业通过实施政治战略进行制度创业获取合法性的收益。在这种情况下，由于交易成本降低了政治能力的有效性，东道国过高的政策风险对于新兴市场国家企业而言是只能被动适应的外生因素。我们将以上分析的内容总结在表 1 中。

表 1　政策风险的强度、特征与性质

强度	合法性收益	交易成本	性质
较高	高	低	内生因素
过高	低	高	外生因素

拥有能动性的新兴市场国家企业在做出海外市场进入模式选择之前认识到两国之间政策环境的差异，导致的组织惯例转移的困难，从而转变组织惯例，创造新的路径以适应东道国的政策环境。具体而言，将通过制度创业的方式获取合法性的原有路径转变为通过制度同构的方式获取合法性的新路径，实现惯例的演化。与惯例的形成相似，惯例的演化也是组织学习的产物。由于海外市场进入模式在选择之后很难改变，惯例的演化使得新兴市场国家企业能够避免“试错”学习带给企业的损失。

综上，当东道国政策风险超过某一水平时，两国之间政策环境的差异使得新兴市场国家企业无法通过有效转移组织惯例处理东道国政府的政策歧视，从而将依赖当地企业降低东道国政府的政策歧视对自身合法性造成的不利影响。由此，提出如下假设：

假设 3：拥有能动性的新兴市场国家企业更倾向于选择合资模式进入政策风险过高的东道国，即东道国政策风险与新兴市场国家企业海外市场进入模式选择之间存在倒 U 形关系。

四、研究设计与检验结果

（一）样本与数据

随着经济的快速发展以及国内竞争的不断加剧，为了维持自身的竞争优势，越来越多的中国企业寻求“走出去”，获取海外的战略资源以及更加广阔的市场。根据《2015 年度中国对外直接投资统计公报》的数据，2015 年中国对外直接投资流量创下 1456.7 亿美元的历史新高，同比增长 18.3%，在新兴市场国家中位居第一。因此，本研究选择中国跨国企业的海外投资项目作为研究样本具有较强的代表性。

本研究在样本选取时遵循以下原则。①由于上市公司的信息披露比较完整，基于数据的准确性与可获得性原则，本研究选择在中国 A 股上市的企业投资新建的海外子公司作为研究对象。②在选取样本时，排除了注册地为英属维尔京群岛、开曼群岛、百慕大群岛等离岸金融中心的海外子公司，并且排除了金融业的海外投资项目。③如果一家上市公司在一年之内进行了多次海外直接投资，选取投资金额最大的项目进入样本。④跨国企业的进入模式分为独资与合资两种，其本质上属于中国企业在海外新建的子公司，因此，在选取样本时排除了中国企业对海外已有企业的并购。本研究选取 2003—2014 年开展海外直接投资的上市公司为样本。根据以上原则，通过在同花顺数据库、中国咨询行上市公司文献库、深圳证券交易所以及上海证券交易所网站搜索包括新建海外子公司、新设海外子公司、国际化等关键词的公告，并对搜索到的公告进行手工筛选，剔除部分关键变量数据缺失的样本，最终得到 155 个有效样本。样本特征描述见表 2。

由表 2 可知，中国进行海外直接投资的企业更多的是处于成熟阶段的企业，企业的规模相对较大，并且在投资区位选择上更加偏向与中国地理距离较近的亚洲国家，另外，欧洲也是中国企业投资较多的区位。从发生年份可以看出，最近几年是中国企业海外直接投资迅速发展的时期。

表 2　样本基本情况描述

样本特征	分类标准	频数 / 个	比例 /%
创建时间	≤ 10	43	27.74
	11 ~ 15	50	32.26
	≥ 16	62	40
员工人数	≤ 5000	73	47.09

续表

样本特征	分类标准	频数 / 个	比例 /%
员工人数	5001 ~ 9999	38	24.51
	≥ 10000	44	28.4
投资国家	亚洲	72	46.45
	北美洲	12	7.74
	拉丁美洲	11	7.09
	非洲	17	10.97
	欧洲	37	23.87
	大洋洲	6	3.88
发生年份	2003 ~ 2006	16	10.32
	2007 ~ 2010	47	30.22
	2011 ~ 2014	92	59.36

（二）变量和指标设计

1. 被解释变量

进入模式是企业在东道国执行其市场战略的结构安排。进入模式分为股权进入模式与非股权进入模式两种类型。股权进入模式又分为独资与合资两种类型。进入模式选择是一个虚拟变量，指定独资模式为 1，合资模式为 0。结合已有研究，本研究选择 95% 的股权比例作为划分独资与合资的界限（陈怀超等，2013）。当新兴市场国家企业持有的股权比例大于 95% 时，视为独资；当持有的股权比例小于等于 95% 时，视为合资。数据来源于上市公司年报以及企业官方网站。

2. 解释变量

本研究选择经济自由度指数作为政策风险的表征变量。经济自由度指数是学者研究政策风险时，经常选取的衡量东道国政策风险的变量（Jiménez，2011）。由于经济自由度得分越高，表示该国的政策风险越小，因此，在进行回归前对数据进行处理。为确保因果关系的顺序，经济自由度指数采用海外投资事件发生前一年的数据。数据来源于美国遗产基金会和华尔街日报网站。

3. 调节变量

政治关联。对于政治关联的测量，已有研究中主要有两种方式，一是采用 0，1 变量（吴文锋等，2008）；二是采用比例指标（王砚羽等，2014；邓新明等，2014）。为了提高政治关联的测量精度，本研究采用比例指标测量政治关联，即企业高管（包括总经理与董事）中具有政治身份的人数 / 高管总人数。政治身份的范围包括：担任各级人大代表、政协委员以及曾经在政府部门任职的政府官员等。为了获得高管政治关联的数据，本研究从公司年报的高管信息一栏中手工收集了企业是否具有政治关联的信息。本研究在收集高管资料时发现，部分上市公司的高管拥有政治背景，并未在年报中披露。因此，本研究按照高管姓名、企业名称以及年份等关键词在互联网上重新搜索高管的政治背景。以确定该高管是否具有政治关联。为确保因果关系的顺序，企业政治关联的数据采用海外投资事件发生前一年的数据。数据来源于上市公司年报、企业官方网站以及百度、谷歌等网站的搜索结果。

4. 控制变量

（1）东道国市场规模是指东道国的市场需求，通常与该国的整体收入水平正相关。市场规模越大越能够提高新兴市场国家企业在该国的资源承诺水平，即企业将以独资模式进入市场规模较大的东道国。为确保因果关系顺序，使用海外投资事件发生前一年东道国市场规模的数据。以2005年不变美元计算的国内生产总值的自然对数值作为东道国市场规模的代理变量。数据来源于 WDI 数据库。

（2）东道国投资开放度是指东道国市场对于外资的吸引力。东道国的投资开放度越高，表明来自于同一母国的企业比例可能越高（Morschett et al.，2010），新兴市场国家企业可以选择与来自同一母国的企业进行合作，从而采取独资模式进入。为确保因果关系顺序，使用海外投资事件发生前一年东道国投资开放度的数据。投资开放度使用每年东道国吸引外商投资的存量占该国国内生产总值的比重来衡量。数据来源于 UNCTAD 的 FDI 数据库。

（3）企业国际化经验是新兴市场国家的企业通过组织学习获得的关于在海外如何经营的知识、技能等。国际化经验越丰富的新兴市场国家企业越可能采取独资模式进入。本研究以新兴市场国家企业在进行该项海外投资之前已经在海外建立的子公司的数量衡量企业的国际化经验（Feinberg&Gupta，2009）。数据来源于上市公司年报以及企业官方网站。

（4）企业资产收益率是衡量企业经营绩效与资源约束的重要指标。资产收益率较高的新兴市场国家企业将会采取资源承诺水平高的独资模式进入东道国。为确保因果关系顺序，使用海外投资事件发生前一年企业资产收益率的数据。数据来源于 Wind 数据库。

（5）企业年龄是企业成立时间到投资当年经历的物理时间。新兴市场国家企业成立的年限越长，企业的经营可能越保守，从而采取资源承诺水平较低的合资模式进入东道国。数据来源于 Wind 数据库。

（6）企业规模越大的新兴市场国家企业，其抵抗经营风险的能力越强，因此，偏好采取独资模式进入东道国。本研究以海外投资事件发生前一年员工数量的自然对数值表示企业规模。数据来源于 Wind 数据库。

（7）企业资产负债率是衡量企业财务杠杆的重要指标。资产负债率越高的新兴市场国家企业越有能力采取资源承诺水平高的独资模式。为确保因果关系顺序，使用海外投资事件发生前一年企业资产负债率的数据。数据来源于 Wind 数据库。

除了上述控制变量，本研究为了控制时间以及行业对新兴市场国家企业海外市场进入模式选择的影响，设立了年份虚拟变量与行业虚拟变量。为了控制海外投资事件发生时间的影响，本研究以 2003 年为基期，共引入 11 个年份虚拟变量。另外，为了控制行业的影响，本研究将母公司按照所属行业的不同划分为制造业与非制造业两类，其中制造业赋值为 1，非制造业赋值为 0。

（三）模型构建

由于被解释变量是一个 0–1 变量，本研究将采用双变量 Logit 模型进行估计，模型的具体表达式为：

$$P(y_i=1)=\frac{1}{1+\exp(-\alpha-X_i\beta)}$$

其中 $y_i=1$ 表示观测企业 i 选择独资模式进入东道国的概率；X_i 是解释变量与控制变量的向量，代表影响企业 i 选择独资模式进入东道国的一系列因素；α 代表截距参数；β 代表回归系数的向量。如果回归系数为正，则表示该解释变量增加了企业选择独资模式进入东道国的概率，反之，则降低了企业选择独资模式进入东道国的概率。

（四）研究结果

1. 相关性分析

为验证前文提出的假设，本研究先对涉及的变量进行皮尔逊相关性分析，分析结果见表 3。由表 3 可知，解释变量之间没有明显的相关性，进一步，本研究对所有变量的方差膨胀因子值（VIF）进行了检验。检验结果表明，所有变量的 VIF 的最大值为 2.11，均值为 1.39，低于 10 的存在多重共线性的临界值，从而研究结果受多重共线性影响的可能性很小。

表3 描述性统计及相关系数表

变量	进入模式	政策风险	政治关联	市场规模	投资开放度	国际化经验	资产收益率	企业年龄	企业规模	资产负债率			企业年龄							KZ
进入模式	1.000																			
政策风险	0.358**	1.000																		
政治关联	0.305**	0.174*	1.000																	
市场规模	–0.098	–0.461**	–0.003	1.000																
投资开放度	–0.025	–0.404**	0.079	–0.208**	1.000															
国际化经验	0.082	0.043	0.086	0.063	–0.064	1.000														
资产收益率	–0.027	0.000	0.002	0.049	0.006	0.013	1.000						1.000							
企业年龄	–0.010	0.042	–0.007	–0.057	0.061	–0.063	–0.261**	1.000					0.014							1.000
企业规模	0.036	–0.034	0.037	0.269**	–0.071	0.291**	0.003	–0.056	1.000											
资产负债率	–0.071	0.029	–0.010	–0.101	0.011	0.048	–0.270**	0.159*	0.137	1.000										
平均值	0.520	38.180	19.031	26.600	35.234	1.980	8.627	14.610	8.490	52.529										
标准差	0.501	11.088	17.221	2.000	38.179	3.894	8.129	5.916	1.292	17.409										

注：* 为 P<0.05，** 为 P<0.01。

2. 回归分析

为了检验上述研究假设，本研究使用 STATA 12.0 统计软件进行 Logit 回归分析，具体回归分析结果见表 4。在表 4 中，模型 1 只纳入控制变量。模型 2 在模型 1 的基础上纳入解释变量，考察东道国政策风险对新兴市场国家企业海外市场进入模式选择的线性影响。模型 3 在模型 2 的基础上纳入调节变量以及解释变量与调节变量的交互项考察政治关联对政策风险与海外市场进入模式线性关系的调节作用。模型 4 在模型 2 的基础上纳入解释变量的平方项，考察东道国政策风险对新兴市场国家企业海外市场进入模式选择的非线性影响。模型 5 将所有解释变量与调节变量纳入模型。

表 4　模型回归结果

变量	模型 1	模型 2	模型 3	模型 4	模型 5
政策风险		0.128*** (0.028)	0.064* (0.034)	0.321*** (0.071)	0.338*** (0.111)
政策风险的平方				−0.003** (0.001)	−0.003*** (0.001)
政治关联			−0.079 (0.051)		−0.093 (0.057)
政策风险 × 政治关联			0.003** (0.001)		0.003** (0.001)
市场规模	−0.184** (0.093)	0.209* (0.125)	0.171 (0.131)	0.252* (0.129)	0.226* (0.137)
投资开放度	−0.002 (0.005)	0.169*** (0.163)	0.017** (0.007)	0.024** (0.007)	0.026*** (0.008)
国际化经验	0.059 (0.058)	0.052 (0.067)	0.062 (0.079)	0.051 (0.067)	0.064 (0.081)
资产收益率	−0.017 (0.023)	−0.023 (0.023)	−0.022 (0.026)	−0.023 (0.023)	−0.019 (0.026)
企业年龄	−0.019 (0.021)	−0.029 (0.023)	−0.041* (0.025)	−0.029 (0.023)	−0.043* (0.025)
企业规模	0.011 (0.154)	−0.011 (0.171)	−0.136 (0.184)	−0.032 (0.175)	−0.169 (0.189)
资产负债率	−0.012 (0.104)	−0.012 (0.012)	−0.008 (0.012)	−0.010 (0.012)	−0.005 (0.013)
时间虚拟变量	包括	包括	包括	包括	包括
行业虚拟变量	包括	包括	包括	包括	包括
Log likelihood	−101.757	−88.919	−82.119	−87.336	−79.584
LR chi2	11.20	36.87	50.48	40.04	55.55

续表

变量	模型 1	模型 2	模型 3	模型 4	模型 5
Prob > chi2	0.262	0.000	0.000	0.000	0.000
Pseudo R^2	0.052	0.172	0.235	0.187	0.259
Correctly classified	61.94%	70.32%	72.90%	72.26%	74.19%
样本量	155	155	155	155	155

注：***、**、* 分别表示在 1%、5% 和 10% 的显著性水平上统计显著，括号内的值为标准误。

由表 4 可知，首先，模型 2 在引入政策风险变量后，Pseudo R^2 从 0.052 提高到 0.172，政策风险对进入模式选择的回归系数显著为正，$\beta=0.128$，$P<0.01$，该结果说明新兴市场国家企业倾向于采取独资模式进入政策风险较高的东道国。因此，假设 1 得到支持。

模型 3 用来检验政治关联对东道国政策风险与新兴市场国家企业海外市场进入模式线性关系的调节作用。模型 3 的结果表明政策风险与政治关联的交互项对选择独资模式进入具有显著的正向调节作用。$\beta=0.003$，$P<0.05$。Pseudo R^2 从 0.172 提高到 0.235。该结果说明政治关联比例越高的新兴市场国家企业更加倾向于以独资模式进入政策风险较高的东道国。因此，假设 2 得到支持。

模型 4 在模型 2 的基础上加入了政策风险的平方项。政策风险的回归系数显著为正，$\beta=0.321$，$P<0.01$，而政策风险平方项的回归系数显著为负，$\beta=-0.003$，$P<0.05$。Pseudo R^2 从 0.172 提高到 0.187。政策风险平方项的回归系数为负表明，新兴市场国家企业更加倾向于采取合资模式进入政策风险过高的东道国，即东道国政策风险与新兴市场国家企业海外市场进入模式选择之间存在倒 U 形关系。因此，假设 3 得到支持。

模型 5 将所有解释变量、调节变量以及解释变量与调节变量的交互项同时纳入模型，进行模型的全变量稳健性检验。结果表明，上述变量的影响方向与显著性水平没有发生太大的改变，Pseudo R^2 从模型 1 的 0.052 提高到 0.259。该结果表明，本研究的实证结果是稳健的。

五、研究结论

（一）研究结论

本研究基于制度理论的能动性视角与演化理论并且结合企业的资源基础观，考察了东道国政策风险对新兴市场国家海外市场进入模式选择的线性与非线性影响，并进一步探讨企业在母国政治关联的程度对政策风险与海外市场进入模式线性关系的调节作用。以中国上市公司在2003年至2014年投资新建的海外子公司为样本进行实证检验，得到以下结论。

第一，新兴市场国家企业将采取独资模式进入政策风险较高的东道国。东道国较高的政策风险所形成的发达的政治市场使得拥有政治能力的新兴市场国家企业可以通过实施政治战略进行制度创业的方式而不是制度同构的方式获取合法性，从而采取独资模式而不是合资模式进入政策风险较高的东道国。

第二，企业在母国的政治关联对政策风险与进入模式的线性关系具有显著的正向调节作用。企业在本国拥有的政治关联的程度越高，越能够为企业发挥政治能力提供充裕的资金支持以及更多的与政府互动的知识与技巧。政治能力的增强使得新兴市场国家企业更加倾向于采取独资模式进入政策风险较高的东道国。

第三，新兴市场国家企业将采取合资模式进入政策风险过高的东道国。由于政策环境的差异，导致新兴市场国家企业的组织惯例难以转移到政策风险过高的东道国，意味着企业无法使用政治能力，在这种情况下，拥有能动性的新兴市场国家企业将转变组织惯例，依赖拥有合法性的当地企业降低政策歧视对自身合法性造成的不利影响，从而采取合资模式进入政策风险过高的东道国。也就是说，东道国政策风险与新兴市场国家企业海外市场进入模式选择之间存在倒U形关系。

（二）理论贡献

第一，丰富了新兴市场国家跨国公司理论。由于对外投资行为具有不同的特点，因此，已有的解释发达市场国家企业对外投资行为的理论无法充分解释新兴市场国家企业的对外投资行为。基于此，学者们提出了不同的理论视角解释新兴市场国家企业的对外投资行为。然而，这些理论较少关注新兴市场国家企业拥有的能动性对其国际化战略选择的影响。本研究通过引入能动性视角解释东道国政策风险对新兴市场国家企业海外市场进入模式选择的影响，回应了学者提出的“能动嵌入性悖论”与“不对称战略悖论”问题。

本研究从两方面考察能动性的影响。第一，本研究从制度理论的能动性视角出发，指出新兴市场国家企业拥有的政治能力使其能够通过实施政治战略进行制度创业的方式获取合法性，从而采取独资模式进入政策风险较高的东道国。第二，演化理论认为，由于政策环境的差异对组织惯例转移的限制，拥有能动性的新兴市场国家企业将选择合资模式进入政策风险过高的东道国。本研究从能动性视角的两个方面考察了能动性对新兴市场国家企业海外市场进入模式的线性与非线性影响，结果表明，两者呈倒U形关系。本研究的结论丰富了新兴市场国家跨国公司理论。

第二，桥接了制度理论的合法性视角与能动性视角。制度理论的合法性视角认为，当面临东道国较大的制度压力时，通过制度同构的方式获取合法性，企业应该选择合资模式进入；相反，制度理论的能动性视角认为，拥有能动性的企业可以通过制度创业的方式获取合法性，从而应该选择独资模式进入。两个理论视角对海外市场进入模式选择问题预测的不一致性使得学者们意识到，为了更好地解释企业包括进入模式在内的国际化战略选择问题，应该将制度理论的两个视角结合在一起（Kostova et al.，2008）。然而，已有研究仍然没有找到恰当的理论视角桥接制度理论的能动性与合法性视角。

本研究使用能动性视角桥接了制度理论的两个视角。本研究的结论表明，由于具有能动性，新兴市场国家企业将采取独资模式进入政策风险较高的东道国，即通过制度创业的方式获取合法性；采取合资模式进入政策风险过高的东道国，即通过制度同构的方式获取合法性。也就是说，新兴市场国家企业既可能采取制度创业的方式也可能采取制度同构的方式获取合法性，选择何种方式获取合法性依赖于东道国政策风险的程度。综上，通过引入能动性视角，本研究将制度理论的两个视角对获取合法性方式的预测进行有效的融合。换言之，政策风险对新兴市场国家进入模式的选择不仅存在线性影响，同时存在非线性影响，具体而言，两者之间存在倒U形关系。

（三）管理启示

在前文的分析中已经指出，与发达市场国家企业相比，新兴市场国家企业在新兴市场国家经营时拥有竞争优势（Khanna&Yafeh，2007），学者们对竞争优势的来源进行了探究。本研究的结论表明，新兴市场国家企业的竞争优势来自于它们管理制度环境的能力，即拥有能动性的新兴市场国家企业能够根据东道国政策风险的程度采取恰当的进入模式获取合法性。基于此，本研究对于新兴市场国家企业在面临东道国政策风险时如何选择恰当的获取合法性的方式具有一定的实践启示。

第一，本研究发现，当东道国政策风险较高时，发达的政治市场能够为企业通过实施政治战略进行制度创业获取合法性创造机会，拥有政治能力的新兴市场国家企业能够利用机会，采取独资模式进入政策风险较高的东道国。新兴市场国家企业在选择海外市场进入模式之前，需要认真评估自身拥有的政治能力的大小，在确定自身拥有较强政治能力的前提下，可以选择独资模式进入政策风险较高的东道国。进一步，由于政治关联能够提高新兴市场国家企业的政治能力，因此，基于与其他新兴市场国家企业相比更强的政治能力，在政治上关联的企业可以选择采取制度创业的方式获取合法性，即采取独资模式进入政策风险较高的东道国。

第二，本研究的结论表明，新兴市场国家企业在进入政策风险过高的东道国时，由于组织惯例转移的困难，应该改变组织惯例，创造新的路径，即采取合资模式进入政策风险过高的东道国。基于此，为了提升组织柔性，降低路径依赖，迅速适应环境的变化，新兴市场国家企业应该注重自身动态能力的构建。企业提升动态能力的方式之一是配备平均年龄较低、国际经验（例如有海外求学与工作背景）较为丰富的高层管理团队。高层梯队理论认为，具有这些特征的高层管理团队成员的思想受到母国制度环境的影响往往较小，可以根据外部环境的改变，打破原有的路径，实现组织惯例的演化以适应新的环境，从而在最大程度上降低组织惯性可能给企业造成的损失。

（四）研究展望

本研究的局限性包括如下几点：（1）尽管中国是新兴市场国家的重要代表，然而，新兴市场国家还包括了除中国以外的其他国家，对于新兴市场国家企业的研究最好有多国的数据作为支持，未来的研究应当考虑应用多个新兴市场国家和地区的企业作为研究对象进行更为详尽的研究；（2）本研究仅仅考察了政治关联这一企业的微观层面的因素对新兴市场国家企业政治能力的影响，然而，除了微观层面的因素，产业以及制度层面的因素同样能够影响企业的政治能力，未来的研究应该在这两个层面寻找能够对政治能力产生影响的因素，以进一步丰富研究结论成立的情境条件；（3）本研究探究了东道国政策风险对新兴市场国家海外市场进入模式选择的线性与非线性影响，然而，海外市场进入模式仅仅是企业的国际化战略之一，未来的研究可以采用与本文相同的理论框架考察新兴市场国家企业其他的国际化战略。

参考文献

[1] 陈怀超、范建红、牛冲槐．基于制度距离的中国跨国公司进入战略选择：合资还是独资？《管理评论》，2013（12）：98–111.

[2] 邓新明、熊会兵、李剑峰、侯俊东、吴锦峰．政治关联、国际化战略与企业价值——来自中国民营上市公司面板数据的分析．《南开管理评论》，2014（1）：26–43.

[3] 吕萍、郭晨曦．治理结构如何影响海外市场进入模式决策——基于中国上市公司对欧盟主要发达国家对外直接投资的数据．《财经研究》，2015（3）：88–99.

[4] 蓝海林、汪秀琼、吴小节、宋铁波．基于制度基础观的市场进入模式影响因素：理论模型构建与相关研究命题的提出．《南开管理评论》2010（6）：77–90.

[5] 唐清泉、罗党论．政府补贴动机及其效果的实证研究——来自中国上市公司的经验证据．《金融研究》，2007（6）：149-163.

[6] 王砚羽、谢伟、乔元波、李习保．隐性的手：政治基因对企业并购控制倾向的影响——基于中国上市公司数据的实证分析．《管理世界》，2014（8）：112-120.

[7] 吴文锋、吴冲锋、刘晓薇．中国民营上市公司高管的政府背景与公司价值．经济研究，2008（7）：130-141.

[8] Boxenbaum, E., Battilana, J. Importation as innovation: Transposing managerial practices across fields. Strategic Organization, 2005 (4): 355-383.

[9] Chang, Y. C., Kao, M. S., Kuo, A. The influences of governance quality on equity-based entry mode choice: The strengthening role of family control. International Business Review, 2014 (5): 1008-1020.

[10] Child, J., Rodrigues, S .B. The internationalization of Chinese firms: A case for theoretical extension?. Management and Organization Review, 2005, 1 (3): 381-410.

[11] Cohen, M. D., Burkhart, R., Dosi, G., Egidi, M., Marengo, M., Warglien, M., Winter, S. Routines and other recurring action patterns of organizations: Contemporary research issues. Journal of Immunological Methods, 1995, 418 (3): 9-18.

[12] Cohendet, P. Routines and incentives: The role of communities in the firm. Industrial and Corporate Change, 2003, 12 (2): 271-297.

[13] Elsbach, K. D., Sutton, R. I. Acquiring organizational legitimacy through illegitimate actions: A marriage of institutional and impression management theories. Academy of Management Journal, 1992, 35 (4): 699-738.

[14] Faccio, M. Politically connected firms. American Economic Review, 2006, 96 (1): 369 ~ 386.

[15] Farashahi, M., Hafsi, T. Strategy of firms in unstable institutional environments. Asia Pacific Journal of Management, 2009, 26 (4): 643-666.

[16] Feinberg, S. E., Gupta, A. K. MNC subsidiaries and country risk: Internalization as a safeguard against weak external institutions. Academy of Management Journal, 2009, 52 (2): 381-399.

[17] Feldman, M. S., Pentland, B. T. Reconceptualizing organizational routines as a source of flexibility and change. Administrative Science Quarterly, 2003, 48 (1): 94-118.

[18] Garcia-Canal, E., Guillen, M. F. Risk and the strategy of foreign location choice in regulated industries.Strategic Management Journal, 2008, 29 (3): 1097-1115.

[19] Gidden, B. A. The constitution of society.Berkeley: University of California Press, 1984.

[20] Greenwood, R., Raynard, M., Kodeih, F., Micelotta, E., Lounsbury, M. Institutional complexity and organizational response.Academy of Management Annals, 2011, 5 (1): 317-371.

[21] Henisz, W. J. The institutional environment for economic growth.Economics and Political, 2000, 12 (2): 1-31.

[22] Henisz, W .J. The power of the Buckley and Casson hypothesis: The ability to manage institutional idiosyncrasies. Journal of International Business Studies, 2003, 34 (2): 173-184.

[23] Hillman, A. J., Keim, G. D. The attractiveness of political markets: Implications for firm strategy. Academy of Management Review, 2005, 30 (2): 397-413.

[24] Holburn, G. L. F., Zelner, B. A. Political capabilities, policy risk, and international investment strategy: Evidence from the global electric power generation industry.Strategic Management Journal, 2010, 31 (5): 1290-1315.

[25] Jim é nez, A. Political risk as a determinant of southern European FDI in neighboring developing country.Emerging Markets Finance and Trade, 2011, 47 (4): 59-74.

[26] Jim é nez, A., Luis-Rico, I., Benito-Osorio, D. The influence of political risk on the scope of internationalization of regulated companies: Insights from a Spanish sample. Journal of World Business, 2014, 49 (3): 301-311.

[27] Khanna, T., Yafeh, Y. P. Business groups in emerging markets: Paragons or parasities?. Journal of Economic

Literature, 2007, 45 (2): 331-372.

[28] Kostova, T., Roth, K., Dacin, M. T. Institutional theory in the study of multinational corporations: A critique and new directions. Academy of Management Review, 2008, 33 (4): 994-1006.

[29] Leuz, C., Oberholzer-Gee, F. Political relationships, global financing, and corporate transparency: evidence from Indonesia . Journal of Financial Economics, 2006, 81 (2): 411-439.

[30] Maguire, S., Hardy, C., Lawrence, T. B. Institutional entrepreneurship in emerging fields: HIV/AIDS treatment advocacy in Canada. Academy of Management Journal, 2004, 47 (5): 275-283.

[31] Mcgahan, A., Victer, R. How much dose home country matter to corporate profitability?.Journal of International Business Studies, 2010, 41 (2): 142-165.

[32] Meyer, K. E., Estrin, S., Bhaumik, S .K., Peng, M. W. Institutions, resources, and entry strategies in emerging economies. Strategic Management Journal, 2009, 30 (1): 61-80.

[33] Morschett, D., Schramm-Klein, H., Swoboda, B. Decades of research on market entry modes: What do we really know about external antecedents of entry mode choice?. Journal of International Management, 2010, 16 (1): 60-77.

[34] Nachum, L. When is foreignness an asset or a liability? Explaining the performance differential between foreign and local firms.Journal of Management, 2010, 36 (3): 714-739.

[35] Pache, A. C,, Santos, F. When worlds collide: The internal dynamics of organizational responses to conflicting institutional demands. Academy of Management Review, 2010, 35 (3): 455-476.

[36] Scherer, A., Palazzo, G., Seidl, D. Managing legitimacy in complex and heterogeneous environments: Sustainable development in globalized world.Journal of Management Studies, 2013, 50 (4): 259-284.

[37] Scott, W. R.Institutions and organizations: Ideas and interests.Thousand Oaks, CA: Sage, 2001.

[38] Sewell, W. F. A theory of structure: Duality, agency, and transformation. American Journal of Sociology, 1992, 98 (1): 1-29.

[39] Slangen, A. H. L. Greenfield or acquisition entry? The roles of policy uncertainty and MNE legitimacy in host countries. Global Strategy Journal, 2013, 3 (1): 262-280.

[40] Tseng, C-H., Lee, R. P. Host environmental uncertainty and equity-based entry mode dilemma: The role of market linking capability.International Business Review, 2010, 19 (4): 407-418.

[41] Uhlenbruck, K., Rodriguez, P., Doh, J., Eden, L. The impact of corruption on entry strategy: Evidence from telecommunication projects in emerging economies.Organization Science, 2006, 17 (3): 402-414.

[42] Wang, C. Q., Hong, J. J., Kafouros, M., Wright, M. Exploring the role of government involvement in outward FDI from emerging economies.Journal of International Business Studies, 2012, 43 (7): 655-676.

[43] Wocke, A., Moodley, T. Corporate political strategy and liability of foreignness: Similarities and differences between local and foreign firms in the South African health sector.International Business Review, 2015, 24 (4): 700-709.

[44] Yiu, D., Makino, S. The choice between joint venture and wholly owned subsidiary: An institutional perspective. Organization Science, 2002, 13 (6): 667-683.

[45] Young, M. N., Tsai, T., Wang, X., Liu, S., Ahlstrom, D. Strategy in emerging economies and the theory of the firm. Asia Pacific Journal of Management, 2014, 31 (2): 331-354.

[46] Zollo, M., Winter, S. G. Deliberate learning and the evolution of dynamic capabilities. Organization Science, 2002, 13 (3): 339-351.

The Effect of Policy Risk on Foreign Market Entry Mode Selection of Emerging Economy Firms——An Empirical Evidence from Chinese Listed Companies

Qi Chaoshun　Du Xiaojun

Abstract: Foreign market entry mode selection is one of the most important strategic decisions in the process of firms' internationalization. Prior empirical studies ignore the unique value of the agency in the selection of foreign markets entry mode of emerging economy firms. This study based on agency perspectives of institutional theory and evolution theory, using 155 Chinese listed companies in A-share market establish overseas subsidiaries through Greenfield during 2003 to 2014 as samples, this study systematically analyze the effect of the host country's policy risk on the linear and nonlinear effects of the foreign market entry mode selection of emerging economy firms through STATA 12.0, this study also examines the moderating effects of political ties on the linear relationship between the policy risk and foreign market entry mode selection. The results show that emerging economy firms select wholly owned subsidiary when entry higher policy risk in host countries; select joint venture when entry too high policy risk in host countries, there was inverted U-shaped relationship between policy risk in host countries and selection of foreign markets entry mode of emerging economy firms; political ties can strengthen the linear relationship between policy risk and foreign market entry mode selection. The study also deepens the understanding of the crucial role of agency on selection of foreign markets entry mode of emerging economy firms, and these findings have provided valuable guidance for firms how to select appropriate entry mode to gain legitimacy.

Key words: policy risk; emerging economy firms; agency; institutional entrepreneurship; institutional isomorphism

组织 - 职业冲突在注册会计师职业认同与道德判断之间的影响研究[①]

吴 粒 潘 盼 马莹爽 汤建湘

（东北大学 工商管理学院，沈阳 110004）

摘要：注册会计师面临的道德困境之一是较高的组织 - 职业冲突，进而导致不道德行为频发。研究基于社会角色理论、道德决策理论，以辽宁省注册会计师为调查对象，引入组织 - 职业冲突和职业认同两个变量探究其对注册会计师道德判断的影响。研究结果表明：组织 - 职业冲突对注册会计师道德判断有显著负向影响；职业认同对注册会计师道德判断有显著正向影响；组织 - 职业冲突在注册会计师职业认同与其道德判断之间存在调节作用，且随着组织 - 职业冲突水平提高，注册会计师职业认同对其道德判断的影响减弱。研究对于降低注册会计师的组织 - 职业冲突和提升职业认同水平，进而引导注册会计师的道德行为具有紧迫而现实意义。

关键词：**组织 - 职业冲突；职业认同；道德判断**

近年来，注册会计师行业发展面临"怪象"：一方面注册会计师报考人数的不断增加，另一方面从业人员的工作满意度持续降低和离职率不断攀升，这一怪象对注册会计师行业长远发展埋下诸多隐患。注册会计师报考人数的增长表明人们对注册会计师在维护市场经济秩序中的作用具有高度的职业认同。然而，会计师事务所对商业利益的追求，使得注册会计师面临着较高的组织 - 职业冲突，感知到这种冲突往往会使注册会计师陷入道德困境（Tabita&Indra，2013），已有研究发现专业人员感知组织 - 职业冲突会降低工作满意度，增加离职意向（Bamber，2002；El-Rajabi，2007）。但是，较少有学者关注组织 - 职业冲突对个体行为的影响。行为源于决策，决策的核心是判断（Kohlberg，1973）。因而，探究组织 - 职业冲突在注册会计师职业认同与道德判断之间的影响，降低注册会计师的组织 - 职业冲突及提升职业认同水平，继而引导注册会计师道德行为具有紧迫而现实的意义。

---

① **基金项目**：国家自然科学基金青年科学基金项目（71202153）。

作者简介：吴粒，东北大学工商管理学院副教授；潘盼，东北大学工商管理学院硕士研究生；马莹爽，东北大学工商管理学院硕士研究生；汤建湘，东北大学工商管理学院硕士研究生。

一、理论分析

Ponemon（1995）认为道德决策是指个人面临道德情境时，对于各种行动方案的可能结果进行道德判断与选择，以及最后采取行动的整个决策过程。Rest（1986）指出道德判断是在意识到道德问题存在后，对可选择的行动方案做出的决策评价。由于自我认同是一个复杂的层级体系，在这一层级中位置较高的那些认同和行为的联系更为紧密，即认同突显。认同突显影响个体行为抉择（Stryker&Burke，2000）。所以，注册会计师面临道德困境的时候，认同突显在其道德判断中会得到反映。

社会角色理论认为，角色是个体符合社会期望实现其身份的权利和义务的特殊行为模式。组织－职业冲突本质上就是这样一种由组织价值观与职业价值观相冲突导致的角色冲突（程新生等，2010）。注册会计师职业道德准则要求注册会计师必须坚持独立、客观，追求高品质的工作产出，而会计师事务所要求组织成员共享的价值观是遵守组织制度并且保持忠诚，面对会计师事务所和职业道德之间的不同要求，注册会计师时常陷入道德困境。已有研究表明审计人员在形成道德判断时综合利用不同的道德评价取向维度（Robertson&Crittenden，2003）。Hunt（1986）等道德决策模型指出个体在感知到道德问题之后，会根据目的论道德评价取向（利己主义和功利主义）和道义论道德评价取向（道德公平、相对主义和契约主义）去衡量一系列可选择的反应。然而，每个人对相同的外在角色规范接受程度有所差异，因而表现出的行为均不完全一致。在进行道德判断的选择时，个体还必须经过认知加工来克服因感知组织－职业冲突所唤起的道德判断而做出最后的选择（Stryker&Burke，2000）。

综上，提出假设如下：

H1：组织－职业冲突对注册会计师的道德判断有显著正向影响。

H2：职业认同对注册会计师的道德判断有显著负向影响。

H3：注册会计师组织－职业冲突对职业认同与道德判断的关系起到了调节作用，且随着组织－职业冲突水平的增加，职业认同对道德判断的影响减弱。

二、研究设计

（一）数据来源

预测试向辽宁省注册会计师发放200份问卷，回收有效问卷125份。有效回收率

62.5%。组织－职业冲突量表的 Cronbach's α 系数为 0.891，信度较高。KMO 样本测度值为 0.748，Bartlett 半球体检验小于 0.001，效度良好。测得职业认同量表的 Cronbach's α 系数为 0.854，道德判断量表的 Cronbach's α 系数是 0.926，均高于临界值，信度较高。其中职业认同量表的 KMO 值为 0.794，Bartlett 半球体检验小于 0.001，各题项因子负荷均大于 0.5，效度良好。

正式调查于 2015 年 7 月 –11 月展开，向辽宁省注册会计师共发放问卷 800 份，回收问卷 635 份，其中，剔除回答不完整问卷 43 份，剔除答案存在明显的规律性、选择“不确定”选项过半等的问卷 74 份，最终获得有效问卷 518 份，问卷有效回收率为 64.75%。

回收的样本显示女性有 343 人，占 66.2%；被试的年龄在 41 岁及以上的占 81.7%；被试的学历中本科学历占 55.0%；被试的职务分布，一般审计人员占 22.4%、项目经理 / 审计经理占 25.2%、部门经理 / 高级经理以及合伙人 / 所长 / 主任会计师共占 51.4%；被试的工作年限分布，5~20（含 20 年）较多，占 72.7%。虽然被试在性别分布上存在显著差异，且符合我国注册会计师性别分布的实际情况，已有研究显示性别对道德判断不存在显著影响（Sweeney&Costello，2009），因此，不会对研究结果产生影响。

（二）变量测量

研究涉及变量包括：组织－职业冲突、职业认同以及道德判断，均采用国内外已有的成熟量表进行测量，并根据访谈结果对问卷进行适当修订。

组织－职业冲突是指个体感知到自身职业目标和组织目标不一致。组织－职业冲突量表在 Shafer 等（2002）和 Aranya 等（1984）研究基础上修订而成，包括 3 个测量题项，该量表后续应用有李珲（2003）等。职业认同作为个体对职业价值观内化程度的表现，是其在工作过程中形成的对自身职业的自我肯定，展现自己职业行为倾向的心理状态。在借鉴 Mael 等（1992）量表的基础上，结合魏淑华（2008）编制的包含职业认知、职业情感、和职业行为三个维度的职业认同量表，适当修改后形成职业认同量表，后续应用有王士红（2014）等。

道德判断指被试判别前述行为不道德的程度。Reidenbach 等（1988）最早依据公正、相对主义、利己主义、功利主义、道义论五种道德哲学提出多维道德量表。吴青芳（2011）等学者又加以修正和应用该量表。后续研究显示该量表有较高的信效度。

（三）信效度分析

（1）信度分析

通过度量量表的 Cronbach's α 系数和各子维度的组合信度来检验量表的信度。计算显示各变量的内部一致性系数均大于 0.7，表明本文三个量表内部一致性较好，信度较高。

（2）效度分析

①内容效度。研究所用量表均采用国内外已有的成熟量表，后续均被广泛运用，并由省内审计专家对问卷进行多次修改。所以，组织－职业冲突量表、职业认同量表、道德判断量表具有较好的内容效度。

②建构效度。建构效度分为收敛效度和区别效度，运用验证性因子分析法对各变量进行检验。组织－职业冲突量表运用主成分分析法分析得到 1 个因子，累计解释方差的比例为 79.718%，表明该量表具有良好的效度。职业认同量表验证性因子分析拟合效果较好，模型测量评价指标均超过了临界标准值。CMIN/df=1.79 远小于 5，说明模型可以接受，RMSEA=0.04 远小于 0.1，说明模型适配度非常好；GFI=0.97，AGFI=0.95，NFI=0.97，IFI=0.99 和 CFI=0.99 均优于临界值 0.9。道德判断量表中 CMIN/df=2.70 远小于 5，说明模型可以接受，RMSEA=0.06 远小于 0.1，说明模型适配度非常好；GFI=0.97，AGFI=0.94，NFI=0.96，IFI=0.98 和 CFI=0.98 均优于临界值 0.9。表明验证性因子分析拟合效果较好。测量题项在各子维度上的标准化因子载荷均高于标准值，表明各测量指标有较好的收敛效度。区别效度的检验结果为各潜变量 AVE 的平方根均大于其对应的的相关系数。表明各变量之间有较好区别效度。结果见表 1、2。

表 1　职业认同信效度分析结果

子维度	测量题项	标准化因子载荷	AVE	Cronbach's α 系数
职业认知	A01 A03 A04 A05 A13	0.72 0.75 0.80 0.75 0.76	0.5722	0.918
职业情感	A02 A07 A08 A09 A11	0.75 0.76 0.76 0.80 0.74	0.5811	
职业行为	A10 A12 A14	0.85 0.77 0.85	0.6572	

表 2 道德判断信效度分析结果

子维度	测量题项	标准化因子载荷	AVE	Cronbach's α 系数
道德公平	D03 D08	0.73 0.84	0.6193	0.861
相对主义	D04 D09	0.74 0.75	0.5551	
契约主义	D05 D10	0.75 0.79	0.5933	
利己主义	D06 D11	0.69 0.80	0.5581	
功利主义	D07 D12	0.78 0.77	0.6007	

三、假设检验

（一）组织－职业冲突对道德判断的检验

结构方程模型是目前行为与社会领域量化研究的重要统计方法，可以用来验证多个自变量与多个因变量之间的关系（吴明隆，2009）。研究使用结构方程模型进行对组织－职业冲突、职业认同与道德判断变量关系的检验。

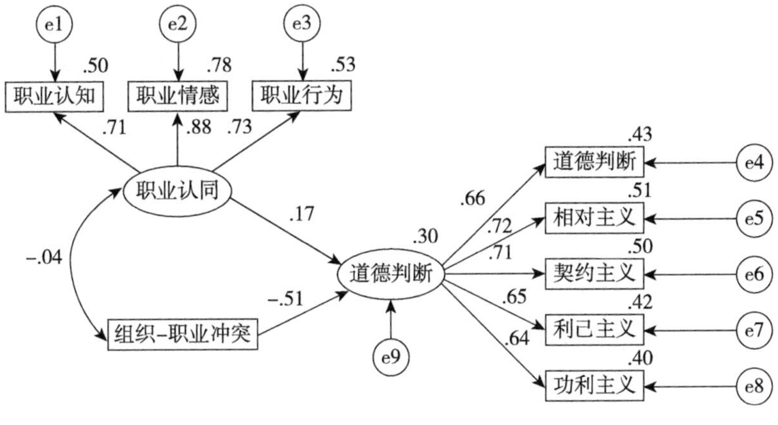

图 1 标准化估计值的因果模型结果

由图 1 可见，所有误差方差均为正数，表明模型界定没有问题。由模型适配度检验指标 CMIN/df=4.07，RMSEA=0.08，GFI=0.96，AGFI=0.93，NFI=0.93，IFI=0.95，CFI=0.95

均优于临界值，表明模型拟合较好。8个测量指标的标准化因子载荷值均大于0.5，显示测量指标对潜变量的测量效果较好。根据测量指标的标准化因子载荷计算2个潜变量的组织信度，职业认同、道德判断的组合信度系数分别为0.8191、0.8083均大于0.6，模型内在质量佳。

采用极大似然法估计各回归系数参数，发现“职业认同→道德判断”路径达到显著，表明组织－职业冲突对道德判断的直接效果为–0.51，存在显著的负向影响，即假设H1成立。为了进一步确定组织－职业冲突与道德判断各维度之间的关系，进行回归分析，结果归纳见表3。可知，组织－职业冲突对道德公平、相对主义和契约主义存在显著负向影响，对利己主义和功利主义存在显著正向影响。组织－职业冲突对注册会计师道德判断有显著向影响（$\beta=-0.51$，$p<0.05$），表明组织－职业冲突水平越高，注册会计师在执业过程中承受来自事务所管理层的压力越大，往往会做出妥协，越倾向于违背职业道德要求做出不道德的判断。组织－职业冲突对道德公平、相对主义和契约主义存在显著负向影响，对利己主义和功利主义存在显著正向影响，即在道德困境情境下，注册会计师感知的组织－职业冲突水平越高，越倾向于放弃遵循职业道德要求，而更多地考虑自身及事务所的利益做出道德判断。

表3　职业认同对道德判断各维度的回归分析

自变量	因变量	非标准化系数		标准系数	t	F	Sig.
		B	标准误差	试用版			
组织－职业冲突	道德公平	–0.320	0.038	–0.347	–8.414	70.803	0.000
	相对主义	–0.313	0.038	–0.338	–8.152	66.461	0.000
	契约主义	–0.339	0.038	–0.369	–9.018	81.333	0.000
	利己主义	0.300	0.039	0.318	7.632	58.248	0.000
	功利主义	0.377	0.041	0.378	9.285	86.207	0.000

（二）职业认同对道德判断的检验

如图1所示，采用极大似然法估计各回归系数参数“组织－职业冲突→道德判断”路径的回归系数值职业认同对道德判断的直接效果为0.17，存在显著的正向影响，即假设H2成立。为了进一步确定职业认同与道德公平、契约主义之间的关系，进行回归分析，见表4。注册会计师职业认同对道德公平和契约主义存在显著正向影响。

注册会计师职业认同对其道德判断有显著正向影响（$\beta=0.17$，$p<0.05$），表明注册会计师职业认同水平越高，其对自身职业的评价就会越高，越倾向于遵循职业道德

要求做出道德的判断。且注册会计师在进行道德判断时，自身的职业认同主要通过影响道德公平和契约主义做出道德的判断。而对相对主义、利己主义和功利主义的影响并不显著。

表 4 组织－职业冲突对道德判断各维度的回归分析

自变量	因变量	非标准化系数		标准系数	t	F	Sig.
		B	标准误差	试用版			
职业认同	道德公平	0.276	0.072	0.165	3.806	14.489	0.000
	契约主义	0.296	0.072	-0.369	4.105	16.847	0.000

（三）组织－职业冲突在注册会计师职业认同和道德判断间存在调节作用检验

职业认同影响的道德判断子维度道德公平和契约主义也受到了组织－职业冲突的影响，可以合理推测注册会计师感知的组织－职业冲突程度不同，对职业认同与道德判断之间存在调节作用。注册会计师感知的组织－职业冲突程度不同，所以须将组织－职业冲突进行高低分组加以检验。

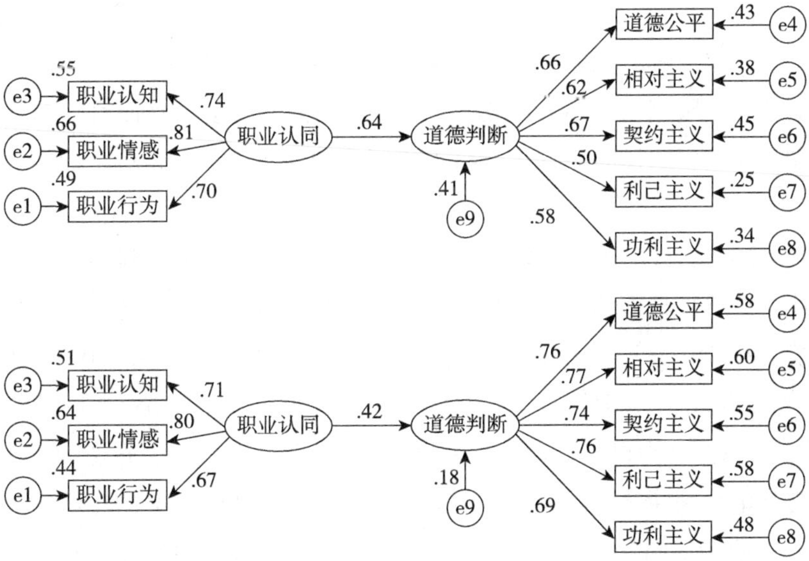

图 2 有限制组因果模型（低 / 高组织－职业冲突）

由图 2 可知，有限制组结构方程模型适配度检验指标 CMIN/df=2.18，RMSEA=0.07，GFI=0.95，AGFI=0.90，NFI=0.91，IFI=0.96，CFI=0.96，Chi-square 值（$\chi 2$）为 66.2，自由度为 38。采用极大似然法估计各回归系数参数，发现对高 / 低组

织 – 职业冲突的注册会计师而言，“职业认同→道德判断”路径回归系数值均显著，表明职业认同对道德判断存在显著的正向影响，且低组织 – 职业冲突组的“职业认同→道德判断”路径回归系数值（0.64）大于高组织 – 职业冲突组的“职业认同→道德判断”路径回归系数值（0.42），说明在低组织 – 职业冲突水平下，注册会计师职业认同对道德判断的影响更显著。

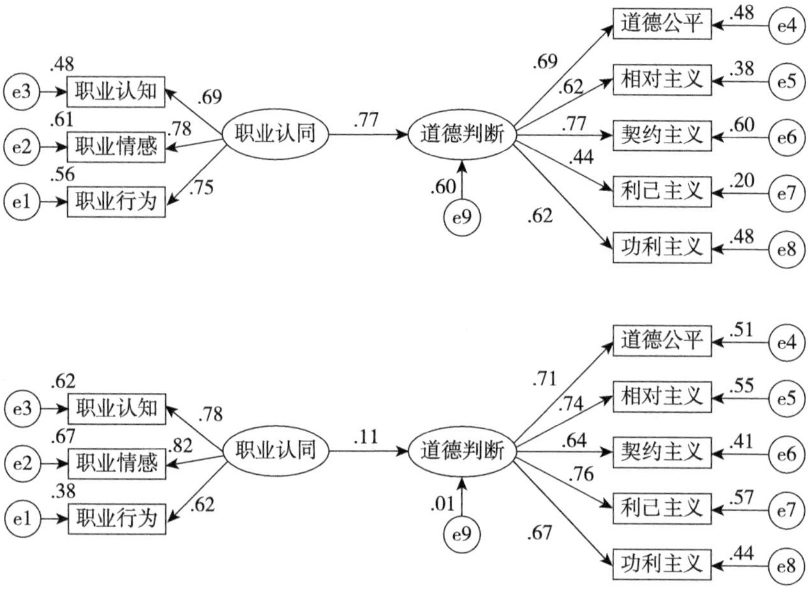

图3　无限制组因果模型（低/高组织 – 职业冲突）

结果显示，无限制组对高/低组织 – 职业冲突的注册会计师而言，职业认同对道德判断存在显著的正向影响，且在低组织 – 职业冲突水平下，注册会计师职业认同对道德判断的影响更显著。

温忠麟（2005）提出当调节效应检验涉及潜变量时，为了控制误差须计算 $\Delta\chi^2$。如果统计检验结果是显著的，则表明调节效应显著。检验职业认同与道德判断之间关系的两个模型的自由度之差 $\Delta df=7$，$\Delta\chi^2=32$，查表得 $P=0.00004<0.0005$，表明有限制模型与无限制模型区别显著，即组织 – 职业冲突对职业认同与道德判断的关系存在显著的调节效应，即假设H3成立。结果表明，组织 – 职业冲突的存在影响了注册会计师职业认同与其道德判断之间的关系。感知高水平组织 – 职业冲突的注册会计师，面临道德困境时，职业认同对道德判断存在显著正向影响（$\beta=0.11$，$p<0.05$）；感知低水平组织 – 职业冲突的注册会计师，面临道德困境时，职业认同对道德判断影响有显著提升（$\beta=0.77$，$p<0.05$）。

四、研究结论

注册会计师面临的道德困境之一——较高的组织－职业冲突，是导致注册会计师不道德行为频发的重要诱变因。组织－职业冲突对注册会计师道德判断有显著负向影响；职业认同对注册会计师道德判断有显著正向影响；组织－职业冲突在注册会计师职业认同与其道德判断之间存在调节作用，且随着组织－职业冲突水平提高，注册会计师职业认同对其道德判断的影响减弱。

研究建议通过注册会计师职业道德培训及情景模拟等途径、手段，引导注册会计师在审计实践中更多关注行为的公平公正、持守承诺，减少对利益的考量，同时，逐步提升注册会计师职业认同水平，以进一步降低组织－职业冲突，进而实行道德判断及行为。

参考文献

[1] Tabita，I.I.，W.K.Indra.The effect of organizational-professional conflict towards professional judgment by public accountantusing personality type，gender，and locus of control as moderating variables.Review of Integrative Business and Economics Research，2013，2（2）：4-34.

[2] Bamber，E.M.，Iyer，et al.Big 5 auditors' professional and organizational identification：consistency or conflict?. Auditing：A Journal of Practice & Theory，2002，21（2）：21-38.

[3] El-Rajabi，T.A.Organizational-professionalconflict and cultural differences among auditors in emerging markets. Managerial Auditing Journal，2007，22（5）：485-502.

[4] Kohlberg，L. The Claim to Moral Adequacy of a Highest Stage of Moral Judgment.. Journal of Philosophy，1973，70（18）：630-646

[5] Ponemon，L.A.The objectivity of accountants' litigation support judgments.Accounting Review，1995，7（1）：467-488.

[6] Rest，J.R.Moral development：Advances intheory and research.Journal of BusinessEthics，1986，42（1）：71-71.

[7] Stryker，S.and Burke，P.J.The past，present，and future of an identity theory.Social psychology quarterly，2000，63（4）：284-297.

[8] 程新生、罗艳梅、游晓颖等．基于角色冲突的内部审计研究回顾与分析《经济与管理研究》，2010，12(8)：122-128.（Cheng Xin-sheng，Luo Yan-mei，You Xiao-ying et.al.Review and analysis ofinternal audit based on role conflict.Economic and Management Studies，2010，12（8）：122-128.）

[9] Robertson，C.J.，Crittenden，W.F.Mapping moral philosophies：strategic implications for multinational firms. Strategic Management Journal，2003，24（4）：385-392.

[10] Hunt，S.D.，S.Vitell.A general theory of marketing ethics.Journal of Macromarketing，1986，6（Spring）：5-16.

[11] Stryker，S.Burke，P.J.The past，present，and future of an identity theory.Social psychology quarterly，2000，63（4）：284-297.

[12] Sweeney B，Costello F.Moral Intensity and Ethical Decision-marking：An EmpiricalExamination of Undergraduate Accounting and Business Student.Accounting Education，2009，18（1）：75-97.

[13] Shafer，W.E.，Park，L.J.W.M.Professionalism，organizational-professional conflict and work outcomes：a study of certified management accountants.Accounting，Auditing&Accountability Journal，2002，15（1）：46-68.

[14] Aranya，N.，Ferris，K.R.A reexamination of accountants' organizational-professional.The Accounting Review，1984，169（1）：1-15.

[15] 李晔.组织在员工职业与家庭冲突中的作用.《社会》，2003，6（4）：53-54.（Li Ye.The role oforganization in the occupation and family conflict.society，2003，6（4）：53-54.）

[16] Mael，F.，Ashforth，B.E.Alumni and their alma mater：A partial test of the reformulated model of organizational identification.Journal of organizational behavior.1992，13（2）：103-123.

[17] 魏淑华.《教师职业认同研究》.重庆：西南大学，2008.（Wei Shu-hua.Research on teacher's professional identity.Chongqin：Southwest University，2008.）

[18] 王士红.内部审计师心理契约违背对降低审计质量行为的影响——基于问卷调查实证研究.《审计研究》，2014，6（3）：84-90.（Wang Shi-hong.The influence of internal auditor's psychological contract violation on audit quality behavior-based on empirical research.Auditing Research，2014，6（3）：84-90.）

[19] Reidenbach，R.E.，D.P.Robin. Some initial steps toward improving the measurement of ethical evaluations of marketing activities.Journal of Business Ethics，1988，7（11）：871-879.

[20] 吴青芳.商科大学生道德认知的影响因素.《当代青年研究》，2011，2：5，19-23.（Wu Qing-fang.The factors influencing moral cognition among business college students.Contemporary Youth Research，2011，2：5，19-23.）

[21] 吴明隆.《结构方程模型——AMOS的操作与应用》.重庆：重庆大学出版社，2009.（Wu Ming-long.Structural equation model：operation of AMOS.Chongqing：Chongqing University Press，2009.）

[22] 温忠麟、侯杰泰、张雷.调节效应与中介效应的比较和应用.《心理学报》，2005，37（2）：268-274.（Wen Zhong-lin，Hou Jie-tai，Zhang Lei.Comparison and Application moderating effect and intermediary effect. Psychological Journal，2005，37（2）：268-274.）

A study of the influence of organizational-professional conflict on the CPA's professional identification and ethical judgment

Wu Li Pan Pan Ma Yingshuang Tang Jianxiang

Abstract: The CPA perceive organizational–professional conflict, who will be faced with ethical dilemma that either they are responsible for organizational goals or they are responsible for profession, and then lead to unethical behavior.The study based on social role theory and ethical decision theory, taking CPA from Liaoning province as the research sample, introducing the variable of organizational–professional conflict and professional identification to test the relationship between the CPA's ethical judgment and organizational–professional conflict. It was found that organizational–professional conflict has a significant negative effect on the CPA's ethical judgment; professional identification has a significant positive effect on the CPA's ethical judgment; organizational–professional conflict plays moderating effect between professional identification and the CPA's ethical judgment, and professional identification has less impact on the CPA's ethical judgment with the increase of organizational–professional conflict. Based on above research conclusions, we put forward the following suggestions that supervision organization should take actions to reduce organizational–professional conflict and promote CPA's professional identification so as to eventually have good professional behavior.

Key words: Organizational–professional Conflict; Professional Identification; Ethical Judgment